サンエイ新書
13

潜伏キリシタンの真実

時空旅人編集部 編
Jikutabibito henshubu

はじめに　日本に伝来し、禁教のなかにあっても祈りをやめなかった人々

２０１８年６月24日から７月４日まで行われた第42回ユネスコ世界遺産委員会の最終審査で正式決定し、世界文化遺産に指定された「長崎と天草地方の潜伏キリシタン関連遺産」。登録対象となったのはキリスト教が禁じられた江戸時代に、潜伏キリシタンたちが育んだ独特な文化的伝統を指す遺産群だ。島原・天草一揆の舞台となった原城跡をはじめ大浦天主堂や集落跡など12の構成資産がそれに当たる。

キリスト教は天文18年（１５４９）にイエズス会のフランシスコ・ザビエルによって日本に伝えられ、宣教師たちによる活動や南蛮貿易のために改宗したキリシタン大名たちによって全国的に広まりを見せた。だが、17世紀から19世紀の２５０年以上にわたって、時の権力者・豊臣秀吉のバテレン追放令や徳川家の禁教令といったキリスト教弾圧によって、瞬く間に衰退の一途をたどることとなる。

今では信仰の自由が認められ、キリスト教や仏教など個人単位で宗教を選ぶことができるが、平成29年（２０１７）の文化庁の統計によれば、過去10年間で仏教、神道、キリスト教を含む信者の数は年々減っているとされている。しかしかつての潜伏キリ

シタンたちに見られるように、当時の禁教政策のなかでも神への信仰を続け、潜伏あるいはかくれてでも祈りを続けた人々がいた。

彼らの祈りは数百年を経た現在でも長崎や天草、さらには日本各地で独自に発展を遂げてきた崇拝の形として残っている。

なぜ潜伏キリシタンたちは禁じられた宗教への信仰をやめなかったのか、そしてそもそも日本に伝来してきたキリスト教とは一体何なのか。

本書では約２０００年前に生を受けたと伝わるイエス・キリストの降誕から世界へ広まったキリスト教の歩みをたどり、日本におけるキリスト教さらには世界文化遺産に登録された潜伏キリシタン関連の遺産に迫る。

実際に長崎を訪れ現地の人々に取材協力をいただいた。関係者への心からの感謝を送ると共に、本書を手に取ってもらった読者の方々に迫害と殉教、そして潜伏から復活を遂げ、今日まで受け継がれてきたキリシタンたちの息づかいを感じてもらいたい。

潜伏キリシタンの真実　目次

第一章　キリスト教の歩みと謎に迫る

第二章　日本とキリスト教の記憶をたどる

第三章　現代における日本のキリスト教

本書は2017年3月25日に発行された「時空旅人Vol.37　キリスト教と潜伏キリシタンの真実」をベースに、一部企画内容を変更、ならびに加筆・修正をして再編集した新書です。一部情報に関しては掲載当時のものも含まれます。

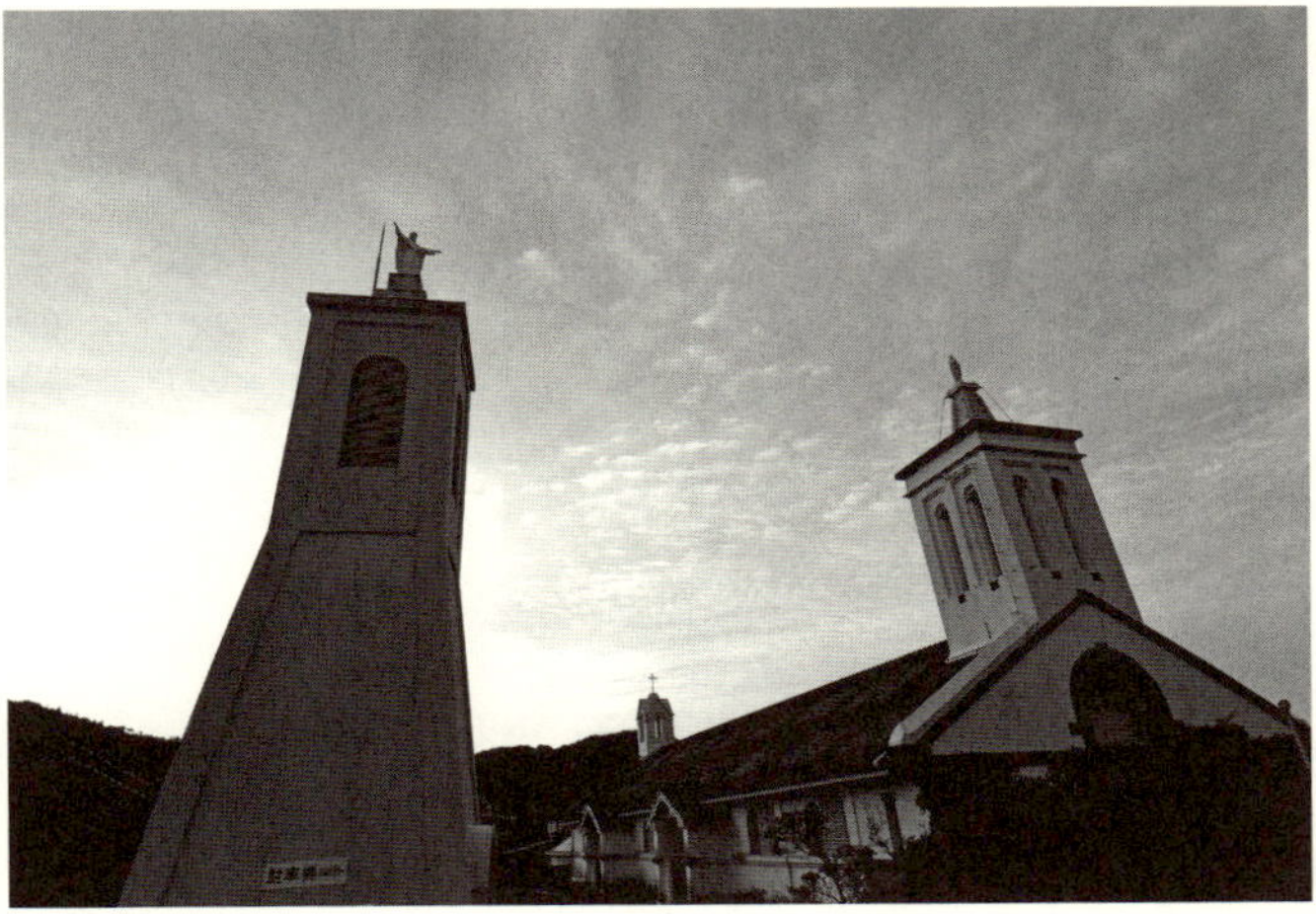

出津教会堂　撮影◎遠藤 純

第一章　キリスト教の歩みと謎に迫る

4B.C.

イエス・キリストの降誕

人は生まれながら罪人その救い主が遣わされた

「神はそのひとり子を賜わったほどに、この世を愛して下さった。それは御子を信じる者がひとりも滅びないで、永遠の命を得るためである」（ヨハネによる福音書3章16節・日本聖書協会『聖書口語訳』引用）

最初の人類とされるアダムとエバは蛇にそそのかされ、神より食べることを禁じられていた禁断の木の実を口にした。神からその行為をとがめられた時、アダムは「女が自分に渡したから」と言い、エバは「蛇がだましたから」と言って、両者とも責任を逃れようとした。

それに神は怒ってアダムには食べ物を得る労苦を、エバには出産の苦しみを課し、エデンの園から追放。さらには永遠の命も奪ってしまった。これが『旧約聖書』に記されている「失楽園」と呼ばれる物語だ。このアダムとエバの犯した罪は全人類へと

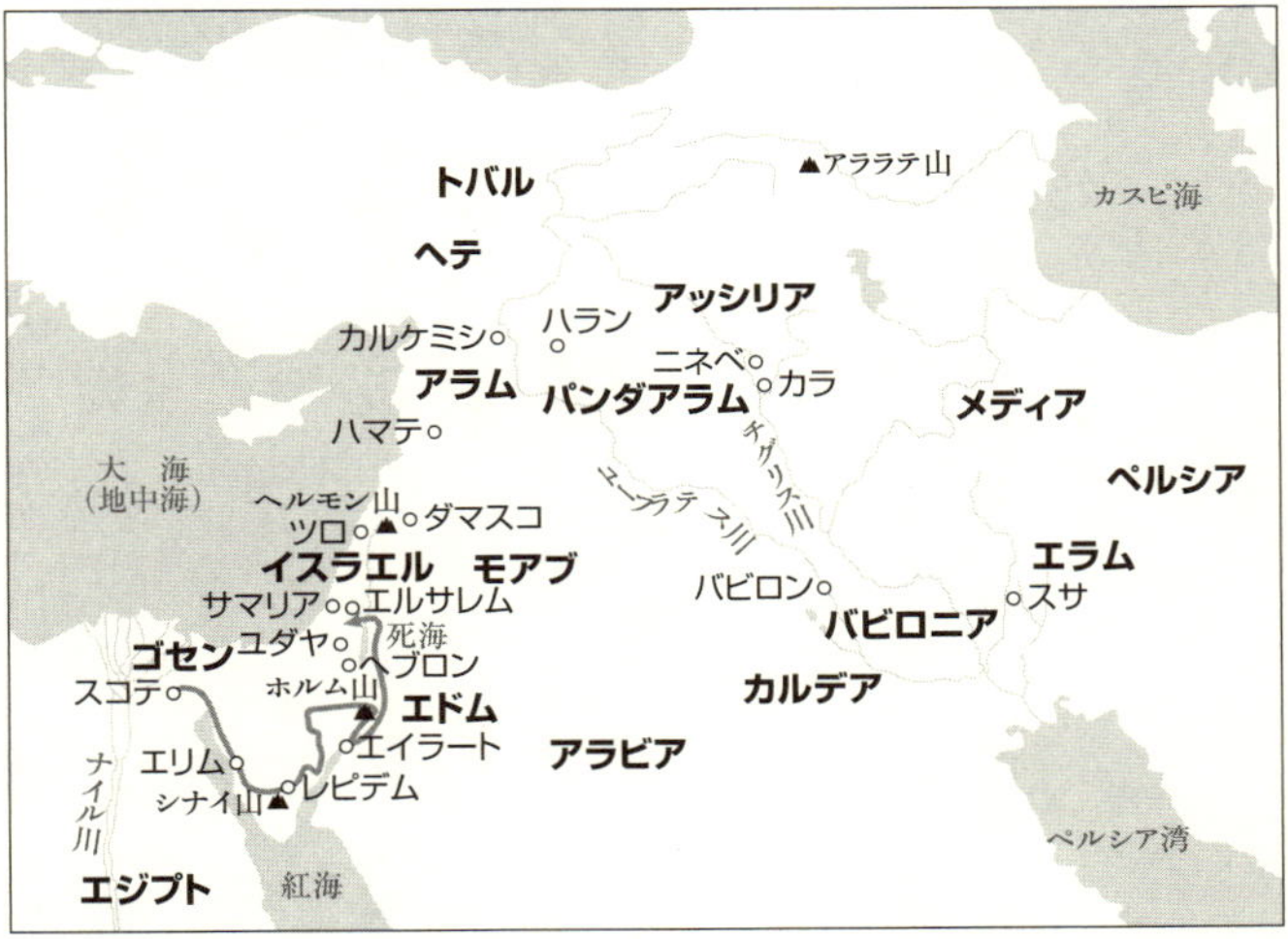

旧約聖書時代の地図を読み解く

旧約聖書に登場する世界は現在の地中海東岸のパレスチナから西アジアが中心となっていた。キリスト教を理解するためには、この地域を覚えておく必要がある。

受け継がれ、それが「人は生まれながらにして罪を負っている」という考えとなった。

この罪とは〝犯罪行為〟そのものではなく、怠けることや他人を妬むこと、人を見下してしまうことといった道徳的な罪を指している。

こうした事をまったく行わない完璧な人間などいるはずもないので、人間としてこの世に生を受けた限りは、罪から逃れることはできない。それが〝原罪〟と呼ばれる思想の根底にあるのだ。

だが冒頭で引用した聖書にある通り、神は人類を罪の重荷から解放し、再び神との関係を和解へと導くため、自らの子を人類のもとに遣わす。その子こそイエス・キリストであった。

イエスは人々に、神に祈りを捧げることを説いて回った。だが時の権力者には、それが自らの地位を脅かす存在と思えたのだ。そしてイエスは自らが罪を犯してもいないのに、人類の罪を一身に受けるために十字架にかけられた。こうしてイエスが人類の罪を償ってくれたのだ。

だがその後もなお、罪を犯す人類は後を断たない。そのため常に「自分の罪を見つめ、反省し、祈りによって許しをこうことが必要」と説くこと。教派によって表現に違いはあるものの、それがキリスト教の原点といわれている。

イエス・キリストが神そのものと思われがちだが、生まれながらにして罪を負った人類と神が再び和解して、神との関係を元通りにするために、神から遣わされた存在ということを、まず理解したい。

コラム　ユダヤ教とキリスト教の関係と「嘆きの壁」の今

エルサレムにはユダヤ教、キリスト教、そしてイスラム教の聖地がある。歴史的に一番古いのはユダヤ教の聖地「嘆きの壁」である。ここは旧約聖書のなかでユダヤ人の祖先アブラハムが、神から信仰心を試された舞台となっている。そのすぐ近くにはイエスが十字架に磔にされたゴルゴダの丘があり、そこには「聖墳墓教会」が建っている。ふたつの聖地が至近距離なのは、もともとキリスト教はユダヤ教から派生したものであったためだ。

多くの人が訪れ、しかも壁に触れて祈りを捧げるため、人の背の高さに当たる部分が黒くなっている。

A.D.40年頃

ローマ帝国からの迫害と殉教

キリスト教徒の増加は権力者に不安を抱かせた

イエスの死後、行動を共にしていた弟子たちはイエスの復活を告げ始めた。そして五旬祭（ペンテコステ）と呼ばれるユダヤ教の収穫祭の日、彼らは巡礼者であふれるエルサレムに集まった。そこで「聖霊降臨」という奇跡が起きる。人々に向かってイエスの弟子ペトロは「悔い改めなさい。イエス・キリストの名において洗礼を受け、罪を許して頂きなさい。そうすれば、賜物として聖霊を受けます」（使徒言行録）と述べた。その言葉を受け入れた人々は洗礼を受け、皆がひとつとなり全ての物を共有した。

こうしてキリストの弟子に導かれた初期の信者たちは、ひとつの共同体「教会」を形成していったのである。そこに集まった人々はパンを裂き、喜びと真心をもって一緒に食事をし、神を賛美していた。「パンを裂く」という行為は、イエスが最後の晩餐で行ったことを模している。今のミサの原型と考えられるものだ。

こうしてキリストの弟子たちにより生まれた教会は、地中海地域へと広まっていく。だが、それ以前から信じられていたユダヤ教や土着の宗教を信じていた人たちからすれば、キリスト教は新興宗教でしかない。パンと葡萄酒をキリストの体と血に見立てた儀式は、人肉を喰らうという誤解を広めることとなった。

さらにローマ帝国の指導者らは、教会に集まる信徒たちを「帝国に反旗を翻す不穏な集団である」と決めつけた。多神教であったローマ帝国は古代ローマの神々を礼拝すると同時に皇帝崇拝も求めていた。だが、キリスト教徒たちはそれを拒否したことも要因となり、ローマ帝国政府から迫害を受けたのである。皇帝により迫害の度合いは違ったが、ネロやドミティアヌス、デキウス、ディオクレティアヌスによる迫害は大規模で、多くの殉教者を出したとされる。

A.D.300～313年頃

キリスト教の公認と皇帝の思惑

殉教者の敬虔な姿がキリスト教を浸透させた

ローマ皇帝による迫害にも関わらず、大勢の信者がキリストの信仰を貫いて命を捧げた。こうして身を以て信仰の模範を示した人たちは「殉教者」と呼ばれ、崇敬される存在となっていった。なかには公開で猛獣と戦わされ、その餌食となるところを見せ物にされてしまった者もいた。

こうした残酷な処刑が執行されても、毅然とした態度で死にゆく殉教者たちの姿は、かえって多くの人々の心の支えとなっていく。その結果、キリスト教の広まりは衰えることなく、盛んになっていった。３０１年には、ついにアルメニア王国が初めてキリスト教を公認した。

ローマでは３０５年にディオクレティアヌス帝とマクシミアヌス帝が退位したことで、ガレリウスが同じく副帝であったコンスタンティウス・クロルスと共に正帝の座

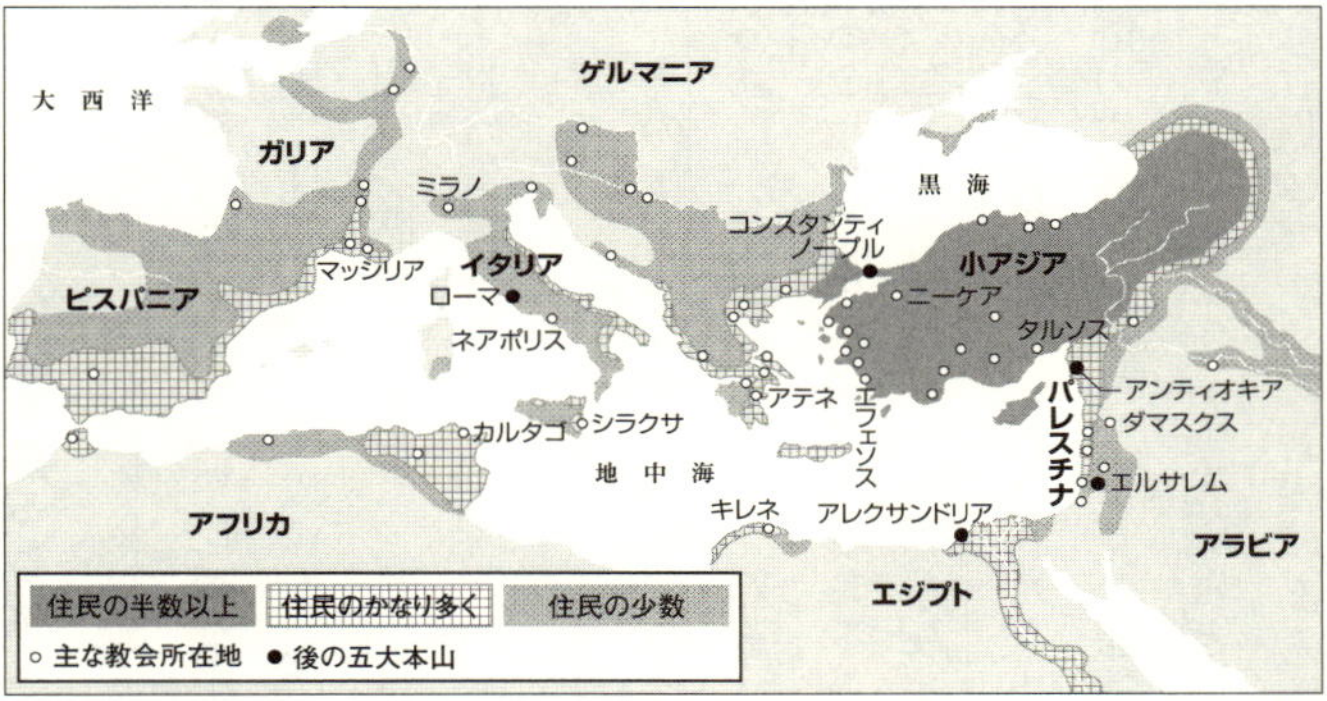

4世紀前半 キリスト教徒の分布図を読み解く

キリスト教はローマ帝国の下層民から広まり、次第に上層民へと普及していった。地中海に面した地域から広まっていったのは、海を通じて船による交易等が盛んに行われていたからと考えられる。

に就いた。正帝となったガレリウスは、３０３年にキリスト教を取り締まる布告を出している。ディオクレティアヌス帝時代は迫害もなく、平穏な生活を送っていたキリスト教徒たちは、反政府的な秘密集会の恐れがあると見なされたのだ。

この迫害により、多くの集会所が破壊された。以来、ガレリウスはキリスト教への迫害に固執していたが、３１１年４月に病気にかかると、迫害を解除する布告を発した。これにより、公式なキリスト教徒への迫害は終了したのであった。

ローマ帝国の公認を得ると新たに修道生活が始まる

ガレリウス帝の後を継いだコンスタンティヌス1世（西方正帝）とリキニウス（東方正帝）は、313年に連名で「ミラノ勅令」を布告した。その内容は、一般的には帝国に住む全ての市民に対して、他の宗教と共にキリスト教も公認するという、信教の自由を認めたものだ。後には単独で皇帝の座に就くことになるコンスタンティヌス1世は、キリスト教を帝国の統治に利用しようと考え、それを優遇するようにしたのである。

その後、ユリアヌス帝の時代になると、キリスト教内部の対立を喚起する政策がとられたが、帝の死によってそれらは全て排除された。そして392年になると、テオドシウス1世によりキリスト教はローマ帝国の国教とされたのである。

こうしてローマ帝国で認められ迫害の時代が終焉を迎えると、殉教に代わってキリスト教に徹底的に従う新たな生き方が模索され始めた。そうして注目されたのが、世俗の生活から離れ、祈りと節制に努める生活を送るという「修道」であった。

厳しい隠遁生活の先駆けとなったのは、アントニオス（251頃～356）であった。彼はマルコ福音書にある「持っている物を売り払い、貧しい人々に施しなさい。

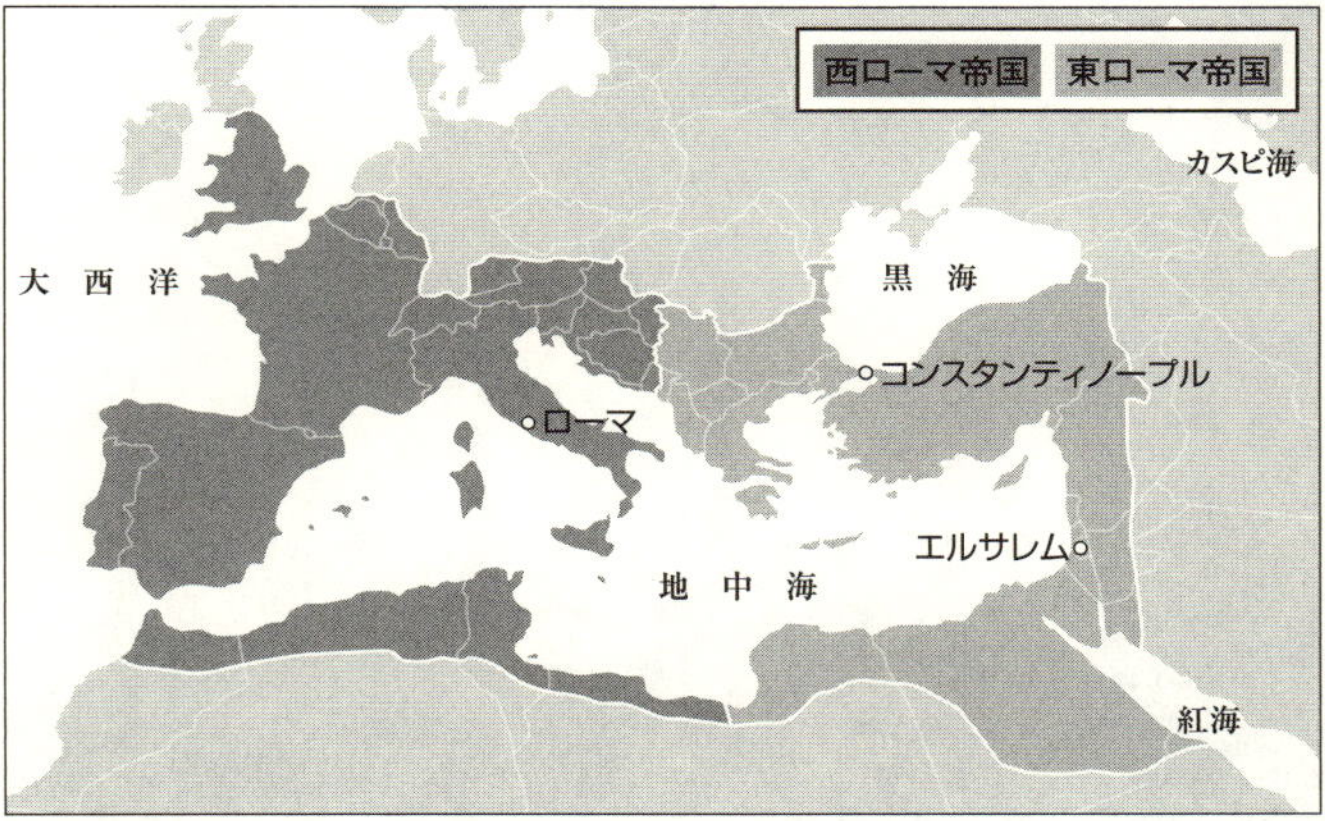

世界は二分された東西ローマ帝国の版図

一時期は地中海世界を完全に支配していたローマ帝国であったが、395年に東西に分裂してしまう。西ローマ帝国は蛮族の侵入で476年、実質的に滅亡する。

それからわたしに従いなさい」というキリストの言葉は自分に向けられたものだと考え、エジプトの砂漠で隠遁生活を送ることにしたのだ。

アントニオスとほぼ同時代を生きたエジプト出身のパコミオス（292頃〜347）も、キリスト教の修道生活に大きな影響を与えた。パコミオスは単独ではなく、同じ志を抱く者たちが集まり、共同生活を営むという方法を実践したのだ。そのために現在まで続く修道院を創立した。

そこでは貞潔の遵守、日々の労働、決められた時間に祈りを捧げることなど、共同生活に不可欠な規則が定

現在はトルコのイスタンブールとなっているコンスタンティノープル。キリスト教が広まった後に、イスラム教が入り込んだことから、街の随所で融合した文化が見られる。

められていた。やがて修道規定はギリシャ語やラテン語にも翻訳され、教会が東西に分裂した後も、規範となっていく。こうして修道生活の形が出来上がっていったのである。

ローマ帝国の分裂により教会も東西に分かれてしまう

地中海を中心に繁栄したローマ帝国の最盛期は、西はイベリア半島から東はパレスチナに至るまでの広大な地域を支配していた。その領土を維持するために、コンスタンティヌス1世はビザンティオンと呼ばれていた東方の町をコンスタンティノープルと改称し、帝都ローマに次ぐ都市として東方支配の拠点に定めた。

　ところが4世紀後半に始まった民族移動により帝国は、395年に東西に分裂してしまったのである。さらに西ローマ帝国はゲルマン民族に侵入され、476（480とも）年に滅亡してしまう。この混乱に際して、人々の心の支えとなったのが教会であった。ローマ教皇のもとで結束し、西方キリスト教の世界が確立していったのである。

　一方、ビザンティン帝国とも呼ばれる東ローマ帝国は、蛮族の侵入を免れたことで、コンスタンティノープルが東方キリスト教の総本山となった。そして537年、ハギア・ソフィア大聖堂が建立された。

A.D.300～
750年頃

イスラム教の誕生で激変する地中海

異民族の侵入により東西で独自に歩み出したキリスト教

西方キリスト教の世界では、ローマ教皇の権力が次第に大きくなっていった。西ローマ帝国はゲルマン民族に滅ぼされたが、侵入してきたフランク族がキリスト教に改宗したことで、教会とゲルマン民族による国家との関係が深まっていった。加えて帝国の崩壊で不安定になった民衆の精神的支柱となったのが教会であった。そのため、以後の数世紀にわたりローマ教皇が中心となった西方キリスト教世界が続いたのである。

一方東ローマ帝国では、ハギア・ソフ

ロシア皇帝遭難の地に建つ血の上の救世主教会

正教会というのは、正統な教義を保持しているという意味。教会全体を統括する長はいない。ロシア正教会など、独立して典礼を執っている。

東ローマ(ビザンツ)帝国の版図を読み解く

西ローマ帝国が滅びた後、ユスティニアヌス1世はその領土だった地域も奪還し領土を大幅に拡大した。

イア大聖堂が東方キリスト教の総本山となり、積極的に他民族へ布教を行っていった。ところが8世紀に入るとイスラム教が台頭してきて、帝国内にもアラブ民族の侵入が相次ぐようになってきた。さらに9世紀にはバルカン半島がスラブ民族に占領されてしまう。こうして東方キリスト教だけでなく東ローマ帝国も、西方キリスト教世界との交流が物理的に不可能となってしまった。

そのため、東ローマ帝国内のキリスト教は独自の歴史を刻んでいくことになる。名称も東の教会に「正統な教義を保持する」という意味が加わり、東方正教会またはギリシア正教と呼ばれるようになった。この場合のギリシアとは国名ではなく、ギリシア語を使うということを目指す。

東方正教会にはローマ教皇のような教会全体を統括する者は置かれておらず、コンスタンティノープル総主教が名目上の長となっている。その他、エルサレム、アレキサンドリア、アンティオキア主教区が特別な地位に置かれている。

最後にして最高の予言者が瞬く間に地中海を席巻

610年頃、アラビア半島中西部の中心都市メッカの名門部族であったハーシム家のムハンマドを通じ、唯一絶対の神であるアッラーが人々に下したコーランの教えを信じるイスラム教が発祥した。それは瞬く間にアラビア語を母語とする、アラブ人たちに伝播していった。

ムハンマドはモーセやイエスに続く予言者だが、彼こそが最後にして最高の予言者とされている。それに加えて世俗君主・軍人としても有能な人物だったことが、イスラム教の速やかな普及につながったことは間違いない。ムハンマドはアラビア半島にイスラム国家を樹立した。

偶像崇拝を徹底的に排除し、さらには神への奉仕を重んじ、信徒同士の相互扶助や

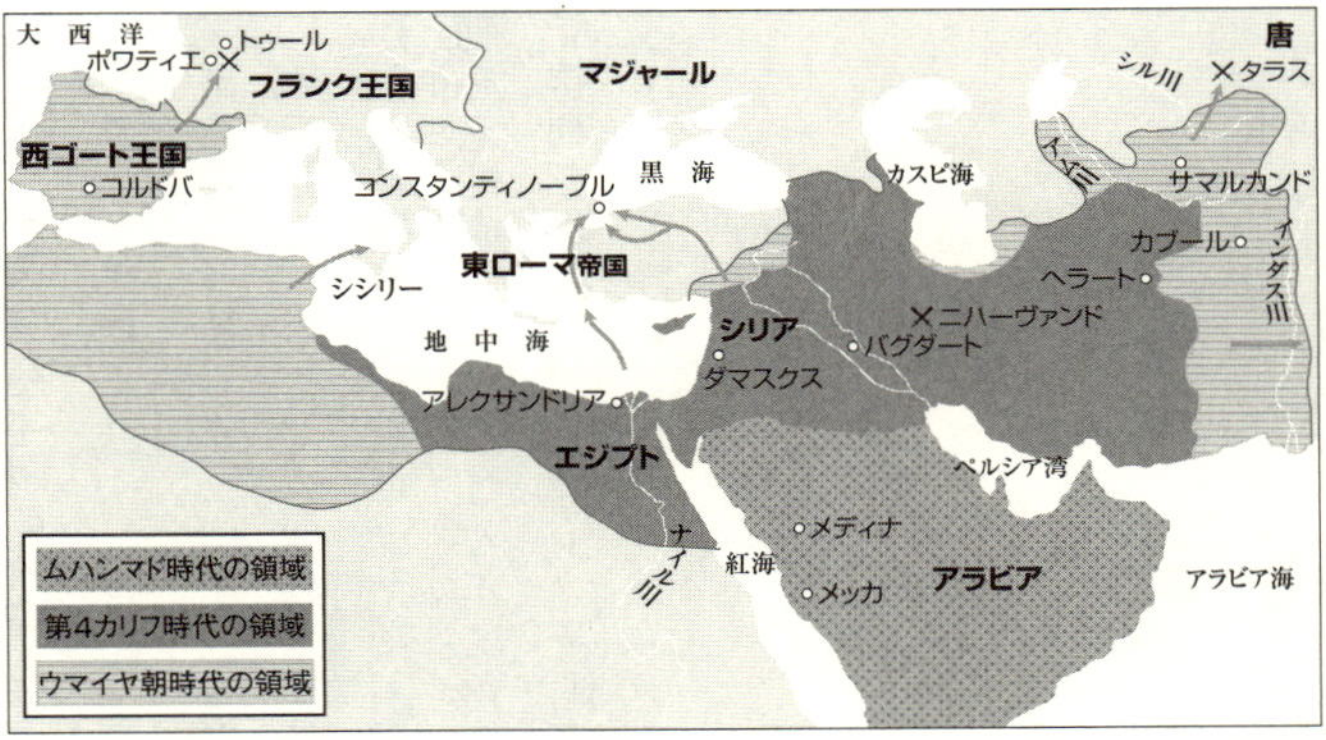

徐々に広がる
イスラム帝国の版図

優れた政治家でもあったムハンマドの時代から着実に版図を広げていったイスラム帝国。

一体感を重要視する、というのがイスラム教の特徴だ。7世紀の半ばになってくると、イスラム国家は早くも領土の拡大に動き始めた。そして8世紀初めには東ローマ帝国の版図にまで迫ってきたのだ。その勢いはエジプト、北アフリカなどを勢力下に治めただけにとどまらず、地中海を横断してイベリア半島にまで上陸。スペイン全土までもが制圧され、それまで交流がほとんどなかった西方キリスト教世界とも、摩擦を生じるようになってきたのであった。

コラム

イスラム王朝と東ローマ帝国の衝突アラブ・東ローマ戦争

アラビア半島を統一したムハンマドは、周辺諸国に使者を送り通商を求めた。ところがキリスト教国のガッサーン朝は使者を殺害してしまう。怒ったムハンマドは報復の軍を送る。そこでガッサーン朝と同盟を結んでいた東ローマ帝国との間で戦端が開かれた。緒戦では東ローマ帝国が圧勝し、一旦和平が結ばれる。だがイスラム側は体制を立て直すと、634年に再び東ローマ帝国に宣戦を布告。シリアに出兵し、各地で勝利を収めた。東ローマ帝国軍はシリア奪還の大軍を送るがイスラム側に疲弊させられ、637年にはエルサレム、アレッポ、アンティオキアがイスラムに制圧された。

A.D.800～1270年頃

十字軍、戦いの果てに

ローマ教皇の権力が高まり東方教会は不信感を抱いた

先にも触れた通り、800年にカール大帝がローマ教皇によって戴冠し、神聖ローマ帝国が成立すると、ゲルマン民族と西方キリスト教世界は一層関係を深めていった。これによりローマ教皇は、東ローマ帝国の行政上の代理人としての立場から解放され、聖俗が統治を分かち合うという西ヨーロッパ独特の政治宗教体制が確立していった。

そうした状況に東ローマ帝国は少なからず不信感を抱いていた。というのも東ローマ帝国では、皇帝による聖俗両方の支配が完成していたからである。教会は「キリストに忠実なる支配者」「神の代理人」として統治する皇帝の下で国家宗教として発展を続けていた。

こうして違う歩みを続けていたところ、典礼や教義に関する問題が起こった。それは1054年になり、決定的な分裂を呼び起こしてしまうのである。そしてこの年、ローマ教皇レオ9世が派遣した使節のフンベルトゥスが、コンスタンティノープル総主教ミカエル・ケルラリオスに対して破門状を突きつけたのであった。その結果、東ローマ帝国皇帝とコンスタンティノープル総主教も、ローマ教皇に破門を宣言した。こうして東西教会は、相互破門という形で完全に分裂する。だが正教会では、フンベルトゥス一行のみを破門したと認識していたようで、1204年までは東西教会分裂は確定していなかったとしている。さらに正教会に属するエルサレム、アレキサンドリア、アンティオキアの各総主教は、この問題には関わっていない。

異教徒から聖地を奪還するその目的で十字軍を結成

相互破門が起こったとはいえ、両教会とも異常な状態を解消することは、大事な課題ではあった。しかもイスラム勢力によるシリア、アナトリア方面への侵攻に、東ローマ帝国は脅威を感じていた時代でもあったから、歴代の皇帝たちはローマ教皇との和解を模索していた。そこで東ローマ帝国皇帝は、ローマ教皇の教会における首位権を認めることとし、その代償として西方キリスト教諸国からの援軍を要望することにした。

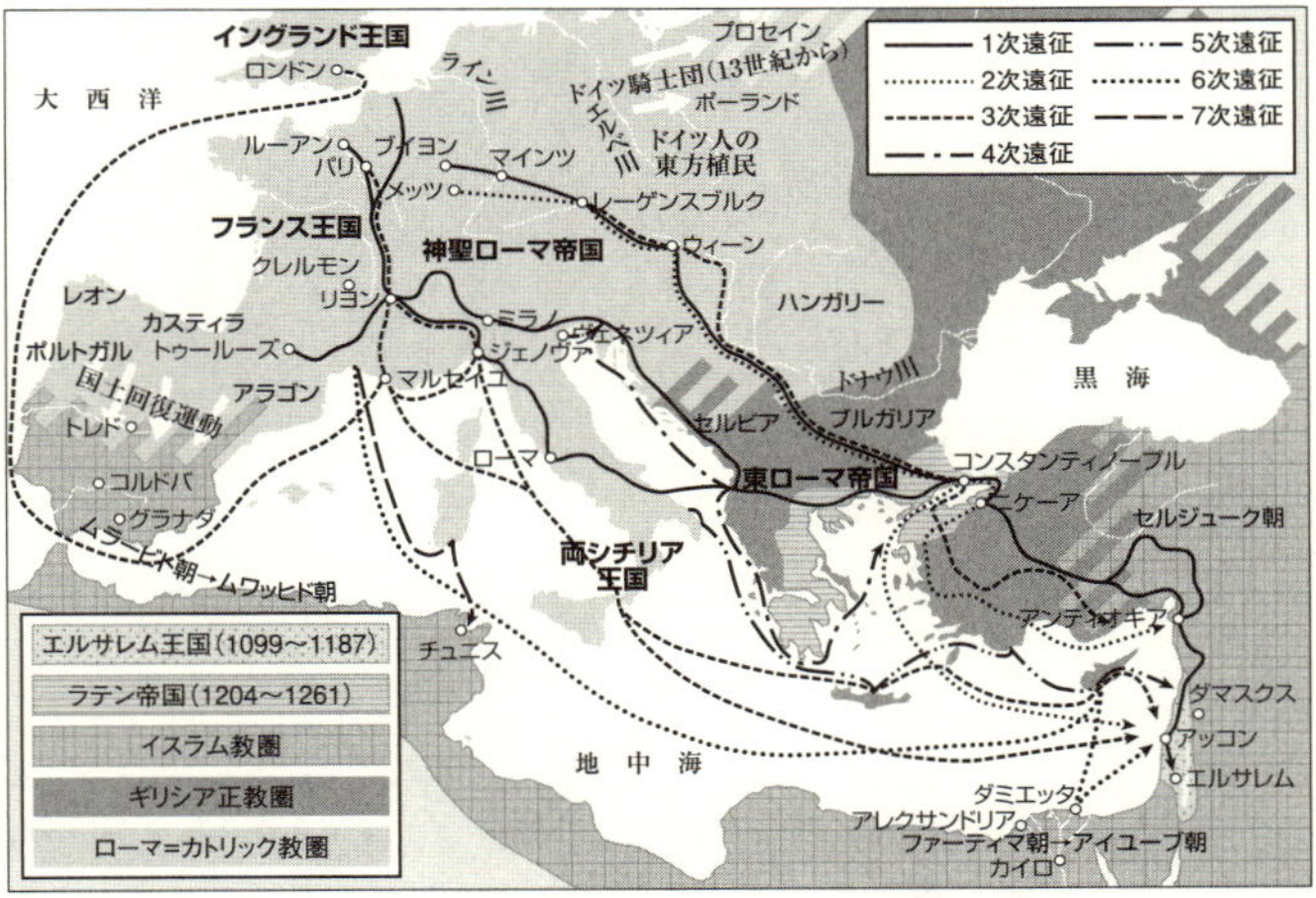

庶民による聖地巡礼運動、民衆十字軍と十字軍遠征路

1096年から1270年までの約200年間で7回の十字軍が派遣された。この回数については、諸説あり8回とする場合もある。庶民十字軍や羊飼い十字軍といった民衆十字軍(右絵)も起こっている。

東西教会における教義の違いのみならず、両者は文化・組織・政治的状況でも差異を拡大していた。しかし1095年、ローマ教皇ウルバヌス2世は「クレルモン公会議」において、東ローマ帝国皇帝アレクシオス1世コムネノスからの援軍要請に応えて軍隊招集を決定。この呼びかけに対し西方キリスト教諸国から多くの人が集結した。こうして編成されたのが「十字軍(Crusade)」と呼ばれた多国籍軍である。

第1回目の派兵は1096年。その大義名分として掲げられたのが、異教徒であるイスラム教国から聖地エルサレムを奪還することで、参加した者は免責（罪の償いの免除）が与えられるとされた。それはたとえ戦いで倒れてしまったとしても、その者の罪は許されて魂は天国へと導かれるということであった。なぜならば、聖地回復は正義の戦い＝聖戦だったからである。遠征軍はコンスタンティノープルからシリア、パレスチナと侵攻していった。

だがこの軍は進撃する過程で略奪や強姦、虐殺などを起こしたとされている。そしてイスラム教国の領主らは十字軍に対してあまりにも無為無策であったため、各地で壊滅。おかげで十字軍は1099年、聖地エルサレム奪還に成功。その地にエルサレム・ラテン王国を築いている。

十字軍の大勝利のようだが、十字軍側も分派や内部対立が目立ち始め、足並みが乱れてきた。そこでエルサレム王国を警備するため、テンプル騎士団のような騎士修道会が創設されたのであった。

イスラム教徒ばかりでなくユダヤ教徒にも刃が向いた

十字軍が派遣された回数は、解釈の仕方によって違いがある。第1回から第4回まではほとんどの歴史書とも共通しているが、それ以降は回数にカウントしたりしなかったりする回がある。ここでは大規模な派遣のみとし、1270年までの約200年間で7回行われたとする。

「異教徒から聖地パレスチナを奪回せよ」という掛け声で始められた十字軍。その征伐されるべき異教徒には、実はイスラム教徒だけではなくユダヤ人たちも含まれていた。十字軍が聖地エルサレムを占領し、キリスト教国のエルサレム王国を建設した時、同地に残っていたユダヤ人をことごとくシナゴーグ（ユダヤ教会堂）に閉じ込め、それに火をつけて焼き殺してしまったのだ。

当時、ユダヤ人はキリスト教徒の子どもをさらって人食い儀式の生け贄にする、という噂が広められた。それはかつてローマ人がキリスト教徒に対して行ったことと同じであった。こうした手口はその後、魔女狩りやプロテスタントがカトリックに対しても行っている。

ユダヤ人を迫害するのは相応のメリットがあったからだ。ユダヤ人は金融業の大部分を営んでいたため、ユダヤ人を亡き者にするのは、借金を帳消しにするためにはもっとも早い方法でもあった。負債のある王たちは宗教問題を隠れ蓑として、貸主のユダヤ人の財産を没収し、彼らを領地から追放したのだ。こうして聖地奪還が目的であったはずの聖戦は、変質していくのである。

次第に現世的な欲望が遠征の目的を占めていく

1202年から1204年にかけて行われた第4回の十字軍は、ローマ教皇インノケンティウス3世の呼びかけにより結成された。この時は聖地の回復という本来の目的から離れ、東ローマ帝国のコンスタンティノープルを征服し、代わってラテン王国を打ち立てようとした。

だが資金調達もままならない状態であったため、輸送費の不足をまかなうため同じキリスト教国であったハンガリーのザラ（現・クロアチアのザダル）を攻略。教皇から破門されるという失態も犯している。それでもラテン王国は建国されたが、1261年に東ローマ帝国の反撃に遭い、滅ぼされてしまった。

1228年から翌年にかけての第5回（6回とする説もあり）の十字軍は、神聖ローマ帝国の皇帝フリードリヒ2世が、ローマ教皇グレゴリウス9世から破門されたまま遠征を開始したことから「破門十字軍」とか「フリードリヒ十字軍」とも呼ばれている。フリードリヒの巧みな外交術もあり、イスラム王朝の君主アル＝カーミルとは戦闘を交えずに、1229年2月11日に平和条約（ヤッファ条約）を締結。聖墳墓教会はキリスト教徒に返す代わりウマルのモスクとアル・アクサ寺院はイスラムが保持するとの条件で、エルサレムの統治権を譲り受けた。

フリードリヒはカトリック教会を破門されたままであったので、教皇グレゴリウス9世はフリードリヒを倒すための十字軍を編成。しかし撃退されてしまった。そのため、1230年には破門を解いている。

そして1270年にはフランス王ルイ9世により招集され、北アフリカ制圧に乗り出す。しかし、王が病死したことにより頓挫。これをもって十字軍の派遣は終了した。その後、1291年にエルサレム王国の首都アッコンが陥落し、残余の都市も掃討されたことで、キリスト教国である十字軍国家は全滅した。結局、十字軍の遠征はキリスト教とイスラム教およびユダヤ教、それに東西教会の関係を悪化させたのであった。

コラム 教皇の権力が増大した「カノッサの屈辱」

キリスト教会における司教や修道院長を任命する聖職叙任権を巡り、ローマ教皇グレゴリウス7世と神聖ローマ帝国皇帝ハインリヒ4世が対立。聖職叙任権は教会にあることを認めようとしない皇帝を教皇は破門とし、王位の剥奪も宣言する。ハインリヒに反旗を翻《ひるがえ》す諸公も出た。破門解除を求めた皇帝は雪が降るなか、3日間も素足でカノッサ城門前に立ち尽くし、教皇からの赦しを願った事件。後世、教皇の優位性の宣伝に使われた。

A.D.1070～1420年頃

宗教改革の萌芽

宗教と世俗の権力闘争は信仰を俗世界へ貶める

古代から私領に聖堂や修道院を建てた場合、その聖堂の聖職者または修道院長を選ぶ権利（叙任権）は、その土地の領主（世俗権力）が所持していた。これは世俗権が強大になり、司教の選出にまで影響を及ぼすこととなった。10世紀に創立されたクリュニー修道院では、世俗権から影響を受けることを否定する改革運動が起こった。さらに11世紀半ばに教皇となったレオ9世は、世俗権による叙任を否定している。

そして1073年に教皇に就任したグレゴリウス7世の時代、前述の「カノッサの屈辱」が起こった。これは教会側に叙任権を取り戻そうとした改革の流れのなかで生じた出来事であった。この事件の主役であったグレゴリウス7世とハインリヒ4世がこの世を去った後も、教皇と皇帝による叙任権闘争は一進一退を繰り返し、決着がつかないでいた。

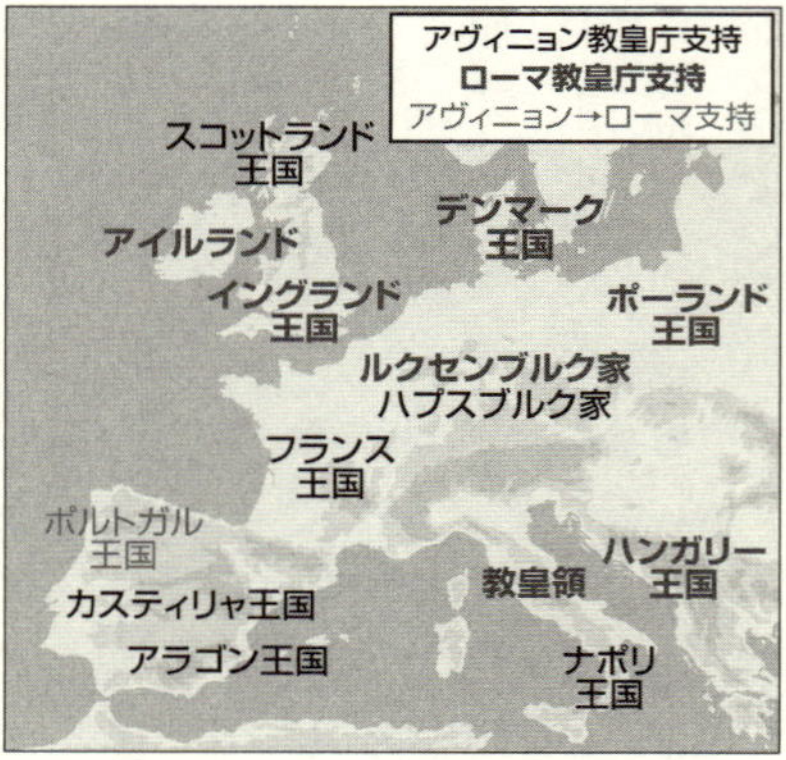

カトリック教会の
教会大分裂（大シスマ）とは?

ローマとアヴィニョンに教皇が立ち、カトリック教会が大分裂（シスマ）した。ピサ教会会議後には、3人の教皇が鼎立する状況にまで発展する。

こうして叙任権闘争は泥沼化していったが、そんな最中にフランスのシャルトル司教イーヴォが、ひとつの妥協案を提示した。それは「教会が持つ権力や権威はスピリチュアリア（宗教的なもの・不可視なもの）とテンポラリア（世俗的なもの・土地や財産など可視的なもの）に分けられる」という考えであった。

これにより教皇と皇帝の権力を分けることが可能である、と認識されるようになった。それは教皇がスピリチュアリアな教会の権利を、皇帝はテンポラリアな権利を抑える、ということだ。最終的には１１２２年に締結された「ヴォルムス協約」で、聖職叙任権は教皇が有し、教会の土地や財産などの世俗的な権利は皇帝が持つという妥協が成立。ようやく解決するに至った。

果てしない権力闘争は教会の大分裂を巻き起こす

叙任権闘争は一応の決着を見たが、それ以降カトリック教会内では「教皇の権威は世俗の王権を超越するものである」という認識が強まっていった。1198年にローマ教皇の座に就いたインノケンティウス3世は、教会法の権威であり政治家としても卓越していたため、巧みな駆け引きで欧州諸王家とわたり合い、教皇権の優越性を示すことに成功した。

ところが14世紀になると、フランスやイングランドで王権が勢いを増してくる。そして教皇権の優越という考えを巡りローマ教皇庁と激しく争うようになってきた。その内容は教会財産の所有権の問題や聖職者裁判権、司教任命権など。しかも教皇の顧問団であるべき枢機卿会は、すっかり国家利益の代弁者になり下がっていたため、ひたすら国益を優先することしか主張しない。そのため混乱に拍車がかかり、教皇庁の権威は低下してしまう結果となった。

この争いで優位な立場を得たのはフランスであった。当時のフランス国王のフィリップ4世は枢機卿団を使い教皇庁をコントロールし1305年、フランス出身のクレメンス5世をローマ教皇の座に就かせた。そしてフランス以外の枢機卿団の反対は完全に黙殺し、教皇庁をフランス南東部にあるアヴィニョンに移転してしまったのである。この状態は、古代にユダヤ人が強制的にバビロンに移された「バビロン捕囚」に習い「アヴィニョン捕囚」と呼ばれる。

1377年、教皇グレゴリウス11世が教皇庁をアヴィニョンからローマに戻す。教皇はその翌年に死去するが、教皇選挙（コンクラーヴェ）が行われ、ナポリ出身のウルバヌス6世が新教皇に選出された。ところがその当時もまだ多数派であったフランス人枢機卿らは選挙の無効を主張。ウルバヌス6世の廃位とジュネーヴ出身のクレメンス7世の教皇就任を宣言した。そしてクレメンス7世はアヴィニョンに戻ったが、ウルバヌス6世も教皇位を主張。ローマに留まったため、正統性を主張するふたりの教皇が現れ、カトリック教会は二派に分裂してしまった。

両教皇の死後も分裂は解消されず新しくその座に就いた教皇に受け継がれていった。1409年、譲歩しようとしない両教皇の態度に業を煮やしたそれぞれの枢機卿団が、ピサで公会議を開催。そこで両教皇の廃位とあらたにアレクサンデル5世の教皇就任を宣言した。だが両教皇ともこの決定を受け入れなかったため、遂に3人の教皇が鼎《てい》立《りつ》した。

教会大分裂時代の
ローマ教皇
ウルバヌス6世

ピサ公会議の後に選出されたローマ教皇。だがそれ以前のふたりの教皇は認めず、3人の教皇が存在する混乱が生じた。

対立教皇として
選出された
アレクサンデル5世

グレゴリウス11世の後、教皇選挙でローマ教皇の座に就く。だが枢機卿たちがローマを去り、別の教皇擁立に動く。

ローマ略奪を招いた
クレメンス7世

フランス王の甥に当たり、アヴィニョンで教皇の座に就く。ローマとアヴィニョンに教皇が存在する教会大分裂が起こった。

こうした異常事態は教皇の権威の低下に結び付く。その反面、教会から代表者が集まり審議する公会議の権威が高まっていった。１４１７年、公会議の決定により3人の教皇を退位させることができた。そして新たにマルティヌス5世が教皇の座に就いたのである。こうして混乱に満ちた教会大分裂は収束した。

悲惨な末路をたどってしまうふたりの教会改革者

宗教改革の先駆者は、アヴィニョン捕囚時代（1309～1377）とほぼ同時期を生きたイングランドのジョン・ウィクリフといわれている。オックスフォード大学の教授兼聖職者でもあったウィクリフは、イングランド国王が英語の聖書を持っていないのに、ボヘミア出身のアン王妃がチェコ語の聖書を所有していることを憤った。そこで彼は聖書を英語に翻訳。それを牧師たちに持たせ、地方に派遣した。さらに哲学的現実主義を唱え、イングランドで絶対的権力を持っていたローマ・カトリックを真っ向から批判した。

ウィクリフは1384年に死去するが、1414年に教会大分裂を収束させるため開かれたコンスタンツ公会議で異端と宣告された。遺体を掘り起こしてその著作と共に焼却されることが決まり、12年後に実行された。1408年にはウィクリフの著作や訳した聖書を読むことは死に値する罪とされることとなった。だが彼の残した思想は、ボヘミアのヤン・フスに引き継がれる。

ヤン・フスは1369年にボヘミアで生まれた。苦学してカレル大学の学長となり、さらにはプラハのベツレヘム教会の説教者にも指名された。そこで彼はチェコ語で説教を行っている。ちょうどその頃、ウィクリフの哲学書がボヘミアでも広く知れわたるようになった。しかし大学は新しい教義に対しては反対を表明し、門戸を閉ざす。だがフスはウィクリフの哲学的現実主義に強く傾倒。教会改革を志すようになり、聖職者を批判することが多くなった。

１４１１年になると対立教皇ヨハネス23世は、ローマ教皇グレゴリウス12世を庇護していたナポリ王国を制圧するため十字軍を派遣。この遠征費用を捻出するため、教会は免罪符の売買を始めたのだ。これにフスは公然と異論を唱えたのである。

免罪符に反対したフスは、ウィクリフの著書と自らの論文をまとめ、改革論を記した。それは「教会の名のもとで剣をふるう権利は教皇も司教も有していない。敵のために祈り、罵る者たちに祝福を与えるべきである」というものだ。さらに「人は真の懺悔により赦しを得られるもので、それは金で買うことはできない」と主張。これにより、フスは大学を追われ教会を破門される。

１４１４年、神聖ローマ帝国皇帝ジギスムントが招集したコンスタンツ公会議に召還されたフスは一切の弁明も許されず、一方的に危険な異端の扇動者であると断じられた。そして翌年7月、火あぶりの刑に処せられたのである。だがウィクリフとフスの残したものは、その後に起こるマルティン・ルターによる宗教改革の先駆けとなった。

マルティン・ルター
(1483-1546)

宗教改革の源泉ともなった神学者。ウィクリフやフスといった先駆者たちの存在が、ルターの宗教改革へとつながっていった。結果はローマとアヴィニョンに分かれた教会大分裂とは違う、カトリックとプロテスタントの分裂を生んだ。アフロ

最盛期には管轄下におく修道院が1200もあり、所属する修道士は2万を数えた。現存するのは聖堂南側の翼廊の一部。

コラム

中世の改革運動を指導したクリュニー修道院

910年にフランスのブルゴーニュ地方に建てられたローマ＝カトリックの修道院。11世紀に起こった教会・修道院の堕落に対し、本来の信仰主体の回復を目指した修道院改革運動の総本山となった。この修道院は厳格な戒律の厳守や霊性の向上などをかかげている。その厳格なる方向性は「クリュニー精神」といわれ、改革の矛先は聖職者と叙任権を争う、俗権の頂点であった皇帝に向けられた。ハインリヒ4世と叙任権を巡って争い、カノッサの屈辱で屈服させたグレゴリウス7世はクリュニー修道院の出身者であった。その建物はロマネスク様式の代表的存在のひとつであったが、フランス革命で大部分が破壊されてしまった。

稀代の宗教改革者
マルティン・ルターの素顔

ルター研究者に聞く当時の社会とは?

マルティン・ルターと聞くと真っ先に思い浮かぶのが「95カ条の論題」。しかしその名前は知っていても実際の人物像についてはよく知らないという人が多いだろう。そこで今回は宗教改革が起きた当時の社会的背景を踏まえながら玉川大学文学部教授の小田部進一先生に話を聞いた。

「当時、聖書は勝手に訳してはいけないものでした。教会が内容を正しく理解して伝える必要があったのです。しかし人々のなかには聖書を読みたい、キリストの教えと直結したいという欲求は存在していました。しかしルターの前に登場したウィクリフやヤン・フスといった改革者が体制的に受け止められる土壌はまだありませんでした」

当時の識字率は5~10%だったといわれ、一般の信徒はステンドグラスに描かれた物語や聖人像を通じてキリストの教えに触れていた。「聖書のテキストにこそキリスト教の源泉があるのですが、その解釈は教会権力にだけ許されていた特権でした。しかし教会権力に不満を持つ領主たちが現れたのです。その頃のドイツは神聖ローマ帝国で、様々な権力が乱立し、7人の選帝侯が代表となる皇帝を選んでいた。そのひとりがルターが活躍した地域のザクセン選帝侯フリードリヒ3世でした。例えば司祭の結婚についても各領主の協力なしに司教たちが取り締まることには限界がありました」

小田部進一《こたべしんいち》

1968年生まれ。関西学院大学神学部博士課程前期課程修了(修士)。ミュンヘン大学にてDr.theol取得。玉川大学文学部教授。著書に『ルターから今を考える　宗教改革500年の記憶と想起』(日本キリスト教団出版局)。『宗教改革の現代的意義＜宗教改革500年記念講演集＞』(日本キリスト教文化協会編、教文館)『キリスト教平和学事典』『よくわかるクリスマス』(共著、共に教文館)など多数。

ヴァルトブルク城

1521年、ヴォルムス帝国議会で帝国追放に処されたルターはフリードリヒ3世の保護の元でヴァルトブルク城(写真下)に隠れ住んだ。写真左はルターが聖書をドイツ語訳した部屋である。

そのなかでもザクセン選帝侯は政治勢力のキーパーソン。そこに登場したのがルターだった。彼が教皇に反発をしていても教会は手が出せない。審問についても帝国の領地内で行うようにした。なぜザクセン選帝侯はルターを守ったのだろうか。

「ルターはザクセン選帝侯が創設したヴィッテンベルク大学の教授でもありましたし、先ほど述べたように教会の権力が介入してくることを諸侯は嫌がったのです。それぞれの領地が独立国家のようなものでしたから、全体として自分たちで統治したいという思いがあった。教会権力は治外法権のような存在。ザクセンは消極的に改革に協力したといえるかもしれません。ルターとその宗教改革を禁止することなく結果的に受け入れていた。お互いの思惑が上手く調和したといえるでしょう」

それではルター自身はどのようなことを主張したのだろうか。

「ルターの思想はとてもラディカルだったと思います。しかし実践においては穏健だったことも上手くいったポイントです。キリスト教において問題だったのが〝罪の赦し〟について。人間は完全な存在ではなく、罪のある存在であるという考えで、司祭に罪を告白（告解）して赦しを得るわけです。これは①心の悔い改めがあり②口で告白をして③罪の償いを行い④罪の赦しを与えるというのが正しい順序なのです。実際は償いの行いの前に司祭が赦しを与えているのですが、ルターが問題だと考えた贖宥状《しょくゆうじょう》（免罪符）は③に当たる部分。つまりこれは罪の償いのわざを免除するという意味なのです」

古来、キリスト教においては死後の世界が重要とされており、どうやって死を迎えるかが課題となっていた。それが贖宥状の登場によって人々は自分で永遠の命の保証を買うことができ、安心して死を迎えることができた。教会はこうした人々のニーズに答えたのである。

「しかしルターはこれに疑問を唱えた。教皇には罪の償いを軽減する権限はあるかもしれないが、罪を赦すこと自体は神にしかできないはずだと主張したのです。もともとルターは修道士として清く生きようとするほどそこに矛盾を感じていました。神と隣人を愛することも結局それも自分が天国に行くために相手を利用する自己中心な（罪のある）行為だと気づいたのです。そして神の義はただ神から赦される受動的なもの、だから信仰のみで贖宥状は必要ないという結論に至ったのです」

善行によって人間の価値が高まるわけではない。そうではなく神の赦しによって全ての人間に霊的な土台が与えられているのである。ルターは教皇や司祭だけが持っていた霊的権威を民主主義化したのである。

「ルターはできれば公会議において改革がなされることを期待していました。しかし1521年ヴォルムス帝国議会へ召喚されて自説の撤回を拒否しローマの教会と決裂します。これは自分自身の良心に基づいた判断で、近代的な〝個〟の目覚めともいえます。だからルターは中世人とも近代人ともいえる人物でした」

その後、修道服を脱いだルターは言動を一致させて結婚へと踏み切る。そして禁じられていた聖書をドイツ語訳して、人々に聖書の教えが広まっていくこととなった。

「ルターの改革によって貧困は宗教的な善行の手段ではなく社会的な問題として認識されるようになりました。彼はお金を集めて都市として問題を解決しましょうと説いた。貧困は連鎖することに気づいていましたから子どもたちが学校に入ることを勧めました。それができなければ職人になって手に職をつけましょうといった具合です」

そして偶然だがルターが生まれたのは後のドイツ語の標準語に当たる地域で、彼の聖書が多くの人に読まれる下地となったのである。またドイツにおける印刷技術の発明もそれに拍車をかけた。彼は生まれるべくして生まれた改革者だった。

「ルターは徹底して信仰にとどまって、もう一度全てを見直した人物だったのです」

ルターの生涯と良心の自由への目覚め

運命の落雷事件

旅の途上で青年ルターは激しい雷雨に出合った。落雷によって死さえ予感したルターは「助けてください。修道士になりますから」と叫んだという。そして本当に修道会に入ったのだ。

人間は自己中心的な存在

人間はどれだけ善い行いをしたとしても神の前では、自らが救われたいという不純な動機からでしかない。これが誰よりも厳しく修道士生活を送るルターが明確にした答えであり、彼の思想の出発点にあるものであった。

1483年	11月10日、アイスレーベンに生まれる。
1484年	マンスフェルトに移住。
1488年	ラテン語学校に入学。
1497年	マグデブルクの学校に移る。
1498年	アイゼナハの聖ゲオルグ学校に移る。
1501年	エアフルト大学教養学部に入学。
1505年	法学部に進学。 7月11日、シュトッテルンハイム近郊で落雷事件に遭遇。修道士になることを宣誓。 7月17日、エアフルトのアウグスティヌス隠修修道院に入る。
1507年	4月4日、エアフルト大聖堂で司祭叙階。

信仰に基づく自由

「私は修道士ですが、修道士ではありません。新しい被造物、それも教皇のでなく、キリストの新しい被造物なのです」というルターの言葉にあるように宗教的権威からの自由に基づいたキリスト教的生活を試みた。

“罪の赦し”とは?

罪の赦しができるのは神だけであるとルターは考えた。そのため教会によって販売された贖宥状(免罪符)を否定するに至ったのである。神にとっては誰もが愛し赦されている存在で信仰だけが必要であると説いた。

『破門脅迫大教書』を焼き捨てる

教皇レオ10世はルターが自説を撤回しなければ破門すると警告。この時送られた教会文書が『破門脅迫大教書』でルターはヴィッテンベルク市民の前でこれを焼き捨てた。そしてルターはカトリック教会から破門された。

全ては信仰のみによる

ルターがドイツ語訳した聖書の一文には、しっかりと“信仰のみ”と訳されている。写真で指差しをしている部分が該当箇所。匿われたヴァルトブルク城においてルターは粛々と新約聖書の翻訳に勤しんでいた。

1508年　ヴィッテンベルクの修道院に移り、大学で哲学を担当。

1509年　聖書学士となり、エルフルトに戻る。

1511年　ヴィッテンベルクに移る。

1512年　神学博士となり、聖書教授となる。

1513年　聖書学の講義を開始。

1517年　**10月31日、『95カ条の論題』。**

1518年　『ハイデルベルク討論』。アウグスブルクにて枢機卿カエタヌスによるルターの審問。

1519年　神学者エックとライプティヒで討論。

1520年　6月15日、レオ10世、破門脅迫の大勅令を発令。
12月10日、ヴィッテンベルクのエルスター門広場の前で、破門脅迫大教書を焼く。
『キリスト者の自由について』などを執筆。

帝国議会で自説の撤回を拒否

1521年、ヴォルムス帝国議会へと召喚されたルターは自らの著作で述べたことを撤回するかどうかを尋ねられ、それを拒絶した。そしてルターはザクセン選帝侯フリードリヒ3世に保護されて聖書の翻訳に取り掛かった。

『95カ条の論題』への帰結

1517年、ヴィッテンベルク城教会の門にルターが貼り出した文書が『95カ条の論題』である。贖宥状販売を批判したものとされ印刷技術によってドイツ中に広まったことが宗教改革の引き金となったといわれている。

宗教的権威の否定

洗礼を受けた全信仰者に祭司性が宿っていることを説いたルター。つまりそれは、脈々と受け継がれてきた聖職者たちの権威を否定することでもあった。そして聖書に根拠のない秘跡や慣習を否定したのである。

個の主張に目覚める、近代的思想の萌芽

帝国議会で自説の撤回を拒否したルター。それは葛藤のなかで自身の良心に基づいて述べられた言葉であった。それは宗教的束縛から解放されて個人の意識というものが芽生えた瞬間でもあった。近代的考え方の萌芽である。

1521年　ルター破門。ヴォルムスの帝国議会へ召喚。自説の撤回を拒否する。ヴァルトブルク城に保護される。

1522年　新約聖書をドイツ語訳して出版。

1524年　修道服を脱ぐ。

1525年　ドイツ農民戦争。カタリーナ・フォン・ボラと結婚。

1526年　長男のハンス誕生。

1530年　父ハンス死去。

1531年　母マルガレータ死去。

1534年　ドイツ語訳旧約聖書完成。

1535年　神学部長となる。

1539年　ドイツ語著作全集第1巻刊行。

1545年　ラテン語著作全集第1巻刊行。

1546年　2月18日、アイスレーベンで死去。享年63歳。ヴィッテンベルク城教会に埋葬。

禁じられた新約聖書のドイツ語訳

破門された後、ヴァルトブルク城において偽名を用いながら過ごしたというルター。ドイツ語訳された新約聖書は、その後のドイツ語に影響を与えるほど多くの人々に読まれることになる。その後旧約聖書も翻訳した。

穏やかな死

様々な活動を行いながらヴィッテンベルク大学で聖書の講義を続けたルター。そして1546年故郷のアイスレーベンで生涯を閉じた。罪の裁きに捕らわれることなく、信仰に生きたルターの足跡は各地に残されている。

心に響くコラールの旋律
J・S・バッハの音の源泉はルターだった⁉

神の教えを広めるために音楽は不可欠と考えたルター

宗教改革をなしたマルティン・ルターが亡くなり、140年ほどが過ぎた1685年。ドイツ（当時は神聖ローマ帝国であった）のアイゼナハで、後に「音楽の父」と呼ばれるようになる偉大な作曲家ヨハン・セバスティアン・バッハが生まれた。彼の生家は16世紀後半から18世紀に至るまで多くの音楽家を輩出した、まさに〝音楽一家〟だった。J・S・バッハはその代表といえる人物だ。

当時のドイツでは、多くの庶民がルター派のキリスト教徒だった。バッハの祖先も皆、ルター派に属していたようだ。そしてバッハ家で音楽に携わっていた者は、代々教会付きの作曲家や演奏家となって生計を立てていたのである。

宗教改革以前のカトリック教会では、その核となるのは教皇を首長とする聖職者や修道士であった。信徒らはこれらの人々の教えをありがたく聞いていればよく、自分勝手に聖書を読むのは危険とされていた。

しかし、ルターはそれまでラテン語で記されていた聖書を誰もが読むことのできるドイツ語に訳した。それは人々が自ら聖書を熟読し、キリストの御言葉を直接自分の心に留めおくのが良い、と考えたからだ。そしてもうひとつ。教会に集まる信徒が積極的に礼拝に参加できるように、彼らが歌える歌も必要として、賛美歌を取り入れたのである。改革以前のカトリック教会では、信徒が歌うことなど考えられなかった。

ルターの手による賛美歌のなかでもよく知られた「神はわがやぐら」の直筆譜。

現在、プロテスタント系教会で歌われる賛美歌集には５００を超える曲が収められている。そのなかにはルター自らが作曲したものも30曲ほどある。音楽をこよなく愛していたルターは「音楽は神からの賜物であり、その教えである福音を歌うことは神の御心に沿うもの」と考えていた。

ルターによるこうした考えは、多くの音楽家に影響を与えた。バッハ家の人々も、音楽を通じて神の御心と近づけることに、大いなる喜びを感じていたことであろう。

ルター派の賛美歌は、ドイツ語で〝コラール〟と呼ばれる。J・S・バッハはその最高の作り手であったことは否定の余地がない。現代人の心をも魅了するバッハの音楽の源泉から何が感じられるのか、ふたりの演奏家に伺ってみた。

逆境の乗り越える信念ふたりに共通した生き方

三浦氏（以下：三）「6年ほど前にバッハゆかりの地をたどろうと考えて、ドイツ中を旅しました。その時にバッハの生まれ故郷であるアイゼナハを訪ねたのですが、そこには〝ルターの家〟もありました。生家ではありませんが14、15歳の頃に下宿していた家が残されていたのです。バッハが生まれた町は、それより以前にルターが暮らしていたというのも何かの縁を感じましたね」

杉山氏（以下：杉）「バッハの父やその前の祖先もルター派の信者だったことを考えると、バッハ一族の血のなかにルターの教えが流れていたような気もします」

三「アイゼナハは今ではこぢんまりとした町ですが、バッハの生まれた頃はもっと賑やかだったと思います。山の上にはヴァルトブルク城が建っており、J・S・バッハ

バッハ研究に余念がない杉山さん（左）と三浦さん（右）。

の父親は町の楽師、そして宮廷音楽家を務めていました。楽師としてはラッパ吹きもしていたそうです」

バッハは8人兄弟の末っ子であった。10歳の時に父、それ以前に母と死別し、長兄の家に引き取られている。そのためバッハは音楽の高等教育を受けられなかったという。

三「バッハの父親の従弟がアイゼナハの聖ゲオルク教会のオルガニストを務めていて、そこのオルガンの設置にも携わったそうです。聖ゲオルク教会はルターが説教をした場所としても知られています。そこには付属のラテン語学校があり、ルターも在学していたし、バッハも幼い頃に通っていました。教会の入口の上にはルターの作った有名な賛美歌の歌詞が刻まれていました。バッハのオルガン曲には、ルターのコラールを元にしている曲があります。そうしたこともあり、バッハの足跡をたどる旅でしたけど、思いのほかルターとの接点を感じました」

バッハはこの聖ゲオルク教会で洗礼を受けている。当時、洗礼に使用した聖水を入れるための容器が、今も残されている。

三「ルターはカトリック教会を追放されると聖書の翻訳をヴァルトブルク城の一室で手がけました。城内には今もその部屋が残されています」

杉「ルターが聖書を誰でもわかる言葉に訳した際、それを不都合に感じた人たちからの迫害がありました。バッハも迫害まではいかないにせよ、ブクステフーデを聞いてから作った曲を、快く思わなかった人たちに、邪険に扱われてしまうあたり、ふたりの共通点のようにも思えます」

それはバッハがアルンシュタットという町の教会でオルガニストをしていた時である。バッハは素晴らしいオルガン奏者として、当時高く評価されていたブクステフーデの演奏を聴くため4週間の休暇を取得。ところがブクステフーデの演奏に心酔した彼は勝手に休暇期間を延長。16週間後に戻った際、教会の聖職会議で大問題となったのである。

杉「しかも賛美歌の間に即興演奏を入れたり、聞きなれない転調や和音を駆使するなどして、教会関係者を驚かせたようですね。でもバッハはそれをやりたくて貫き通したのです。バッハがブクステフーデの影響をうけたのと同様に、ルターも聖書を翻訳するという行為ではルフェーブルに影響を受けたようですね」

ルターがまだ無名の修道士だった頃、フランスの神学者ルフェーブルの文献を丹念に研究していた。若いルターが注目したのは、ルフェーブルが聖句を簡明に説明している点。ルフェーブルの翻訳の手法は、ルターにも強い影響を及ぼしたと言われている。それもふたりの共通点といえるかも知れない。

三「ルターは95カ条の論題を出したことで、カトリック教会と断絶し、ついには破門されましたよね。バッハも度重なる揉め事で牢屋に入れられた時期がありました。投獄されている間に『オルガン小曲集』というオルガンのためのコラール小曲集を書いています。それにはルターのコラールによるものも入っているんですよ。やはりどんな状況に置かれても信念を貫き通すところは、似ているなと思いました」

杉「当時は馴染みのない音楽を奏でたことで非難されても、バッハはそれをやり通し、しかも一切の自己弁護をしなかったんです。そうやって逆境を乗り切ったところに、バッハとルターには共通する部分があるような気がしますね」

バッハの教会音楽からは真面目さが感じられる

バッハとルターに共通する部分があることは、現代の演奏家の方々も強く感じているようだ。とはいえバッハの音楽全てに宗教的なエッセンスが込められているわけではない。

実際、杉山さんは「個人的には教会のために作られたものでない曲の方が好きです。例えばカンタータだったら世俗カンタータとか。チェンバロの曲も、和音や転調の仕方など、教会音楽でない方が好きです」とも語ってくれた。やはり自由な発想で作られた音楽の方が、のびのびとしているのかもしれない。だからと言って「教会音楽をイヤイヤ作っていたわけではありません。真面目さが感じられるんです」（杉山さん）。

いずれにしても、同時代を生きた作曲家たちよりも、教会に対する真摯な思いが感じられる。そんなところも、ルターとの接点を感じさせる要因なのではないだろうか。

楽聖J・S・バッハの歩み

1685年	ドイツの田舎町・アイゼナハに生まれる
1694年	母のエリーザベト死去
1695年	父のアンブロージウス死去。長兄のヨハン・クリストフに引き取られる
1699年	オルガン曲とクラヴィア曲の作曲を始める
1703年	18歳。ワイマール宮廷楽団にヴァイオリニストとして採用される。
1707年	聖ブラージウス教会のオルガニストに転任。マリーア・バーバラと結婚
1710年	宮廷礼拝堂のオルガニストになる。
1714年	ワイマール宮廷の楽師長になる。
1720年	旅先で妻マリーア・バーバラの死を知る
1721年	ブランデンブルク協奏曲を寄贈。宮廷のソプラノ歌手・アンナマグダレーナと再婚
1723年	聖トーマス教会の合唱長に就く
1729年	聖トーマス教会でマタイ受難曲を初演
1730年	市の参議会から職務怠慢により減俸処分
1736年	トーマス学校校長のエルネスティと対立。宮廷作曲家の称号を受ける。
1747年	フリードリヒ2世の招待を受けてベルリンへ。サンスーシ宮殿でオルガンを披露
1750年	白内障の手術を受けるが失明。7月28日に脳卒中で死去。享年65歳

A.D.1450〜1550年頃

ローマ教皇と95カ条の論題

安易な集金手段と化した教会による贖宥状の販売

中世からルネサンス時代にかけて、ヨーロッパ社会は大きく様変わりしていった。その要因となったのが自然科学分野の発展、大航海時代到来で未知の大陸や国が発見され、それらの国々との交易や布教活動が活発に行われたこと、それに人文主義による人間性の復興などである。

1453年に東ローマ帝国が滅亡すると、ギリシャ語の古写本が亡命してきた学者によって、西欧社会に多くもたらされた。それ以前にも十字軍によってもたらされてはいたが、この時は量が違っていた。多くの人たちがそれまで触れたことのなかった古代ギリシャ思想に接し、イタリアを中心にギリシャ語古典の研究が盛んになっていった。それは西欧文化の担い手であったキリスト教にも、多大な影響を及ぼしたのである。

この頃の西方教会はローマ教皇を頂点とするヒエラルキアと呼ばれる位階制度が確立していて、聖職者が中心に置かれた特権的な教会意識が浸透していた。それに加え聖職者の倫理観は低下。本来の教会らしい姿は、すっかり影を潜めてしまったのである。民衆は死んだ後に天国に行き、そこで安息を享受することにのみ関心を払っていた。そのため、罪の赦しを受けるのに課せられる巡礼や断食、慈善の行為といった償いを軽くするため、教会からこぞって贖宥状（免罪符）を購入していた。教会側も民衆の心理を上手く利用し、贖宥状の販売に力を入れていたのだ。

贖宥状は第1回十字軍の頃（１０９６～99年）から出回るようになった。戦場で敵を殺す罪を犯しても、贖宥状を購入すればその罰は免ぜられるという性格を有していた。だがその後は安易な集金手段として、しばしば用いられた。１５１３年にローマ教皇の座に就いたレオ10世は、イタリアの豪商メディチ家の出身であった。日頃から王侯のような贅沢な暮らしを好んでおり、多額の借金もしていた。その返済のために贖宥状を発行してその売り上げで借金返済をしようとしたのである。

そのような状況に疑問を抱き、異を唱えたのがマルティン・ルターであった。彼は修道者であり、ドイツのヴィッテンベルク大学の聖書学の教授でもあった。「人の姿となられた神の言葉としてのイエス・キリストにのみ従う」という、後にルター主義と呼ばれる考えが、宗教改革をもたらしたのだ。

純粋に信仰の刷新を求めたルターの精神が瞬く間に拡散

大学で教える傍ら司祭として信徒の告解に耳を傾けていたルターは、多くの信徒たちが罪と義務の苦悩を抱えていることを知っていた。だからこそ、ドイツ国内で大々的に販売されていた贖宥状を見過ごすことができなかったのである。ドイツで特に贖宥状販売が盛んだった理由は、ブランデンブルク選帝侯ヨアヒム1聖の弟アルブレヒトの野望がからんでいた。彼は初めマクデブルク大司教の位を有していたが、政治的に重要なポストであるマインツ大司教位も欲していた。だが司教の位はひとりにひとつなので、アルブレヒトはローマ教皇レオ10世に多額の献金（賄賂）を贈ることを思い付く。

そこで「サン・ピエトロ大聖堂を建設するための献金」という名目を設けて、贖宥状販売の独占権を獲得。とにかく稼げるだけ稼ごうという姿勢を見せた。1517年には贖宥状販売のための指導要綱を発布。販売促進のため、ドミニコ会から派遣され

1560年頃のヨーロッパの宗教分布

ルターの行動から50年も経たないうちに宗派分布は大きく様変わりした。

たテッツェルを説教師に任命した。テッツェルは「お金が箱の中に投げ入れられてチリンと音がすると共に魂が救われる」と説いて、多くの人たちに贖宥状を販売した。アルブレヒトからすれば、贖宥状が1枚でも多く売れれば自分の手元に収益が入り、同時にローマの心証を良くすることにつながる、と考えたのでおおいに気を良くした。

そのような露骨な贖宥状の販売に疑問を抱いたルターは、1517年10月31日、ヴィッテンベルクの城教会の門扉に『95カ条の論題』と呼ばれる文書を貼り出した。その日は万霊節の前日だったことから、多くの参詣人が集まっていた。『95カ条の論題』は、当時の教会用語であるラテン語で書かれていた。しかしその内容はドイツ語に翻訳され、たちまち大きな反響を呼び起こす。それが宗教改革の幕開けとなった。

しかし、ルターは最初から新しい教派を立ち上げるつもりがあったわけではなく、この論題を通じて教会に対する信仰の刷新を求めたのだ。このルターの考えに賛同する人は瞬く間に増え、ドイツ各地に広がっていった既存のカトリック教会の体制への不満がくすぶっていたドイツ国内の空気に、ルターの論題が火を点けたのである。

こうした動きに対してローマ教皇庁は、上からの権威によって封じてしまおうとした。だがルターは1520年に相次いで文書を発表する。それはその後のプロテスタント教会の基本理念となるものであった。それは、教会の聖職位階制度を否定した『ドイツ貴族に与える書』、聖書内に根拠のない秘跡や慣習を否定した『教会のバビロニア捕囚』、人間は制度や行いによってではなく信仰によってのみ義とされることが主張された『キリスト者の自由』だ。

これに対してローマ教皇側は、ルターを〝異端〟と決めつけた。1521年、ルターはカトリックを破門になる。これを機に彼はローマ教皇を指導者に戴かない、新たな教派を作るという道を歩み出す。プロテスタントの誕生である。

宗教改革の波は確実に西欧社会に広がっていった

ルターによる宗教改革の運動はその後、様々な人に受け継がれていった。そのなかでもルター派と並んでプロテスタント教会内で大きな教派となるのが、ジャン・カルヴァンによる改革派教会だ。カルヴァンの思想の根幹は神が中心に据えられている。教育や社会生活全般を、聖書に基づく純粋な信仰により秩序づけることを目指した。また教会は司教制を廃止し、信徒から選出された長老によって統治する制度を導入した。

そのカルヴァンと並び称されているのがフィリップ・メランヒトンだ。彼はルターの思想の体系化に尽力している。スイスのフルドリッヒ・ツヴィングリも、聖書を信仰の基準として改革を進めたひとりである。

彼らとは一線を画すが、イングランド国王のヘンリー8世は熱心なカトリック教徒であったが、離婚を認めない教義だったことから、1534年に首長令を発し、自らを英国教会の首長と宣言。ローマ教会から独立した英国国教会を誕生させた。

コラム　宗教改革の強力な武器となった活版印刷

ルターは贖宥状販売を糾弾する内容の「95カ条の論題」を記したが、最初の文書はラテン語で書かれていた。そのため一般市民にはその内容が理解されなかった。だがその大胆な行動は賞賛され、すぐに活版印刷によるドイツ語訳が出版された。それは瞬く間にドイツ中に広まった、というのが通説となっている。どこまでが本当かはわからないが、1445年にヨハネス・グーテンベルクが発明した当時の最先端技術、活版印刷が役立ったのは事実だろう。

A.D.1540〜1650年頃

果てなき三十年戦争

宗教改革の結果、16世紀から大規模な戦争が頻発する

プロテスタントというのは、元々は抗議という意味のラテン語であった。ローマ・カトリック教会に抗議したことからその名が付いたといわれている。抗議された側のカトリックも、イエズス会のような従来までの修道会のスタイルにとらわれない新しい会が誕生。カトリック教会内の弛緩した規律の矯正と信仰教義に取り組む姿勢の見直しが図られた。

それでもプロテスタントはドイツ、スイス、オランダ、北欧の大部分に浸透していった。16世紀半ばになると、新教徒と旧教徒の間で争いが起こるようになってきた。1546年7月10日に神聖ローマ帝国内で、カトリック教会を支持する皇帝カール5世と、シュマルカルデン同盟と呼ばれたプロテスタント勢力の間で戦争が勃発。翌年5月23日には皇帝軍の勝利で一応は集結する。

1562年にはフランスの新教徒ユグノーとカトリックが対立。戦争へと発展した。この戦いは1598年まで続き、悲惨な戦いや虐殺が横行した。特に1572年のサン・バルテルミの虐殺ではパリで2000人、地方では1万人のユグノーが虐殺されたと伝えられている。

また、1568年から1648年までは、ネーデルラント諸州がスペインに対して反乱を起こした八十年戦争（オランダ独立戦争とも）も、カトリックとプロテスタントの争いという側面も有していた。きっかけはカトリックのスペイン王フェリペ2世の圧政に対して、新教徒であったネーデルラントの住民が反抗したことであった。1581年にはユトレヒト同盟を結んだ北部7州が、オラニエ公ウィレム1世を指導者として、フェリペ2世の統治権を否認する布告を発している。

オランダ独立戦争となった八十年戦争は、その後ヨーロッパ

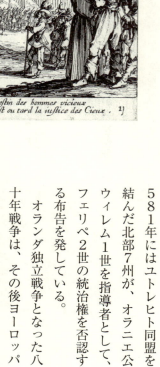

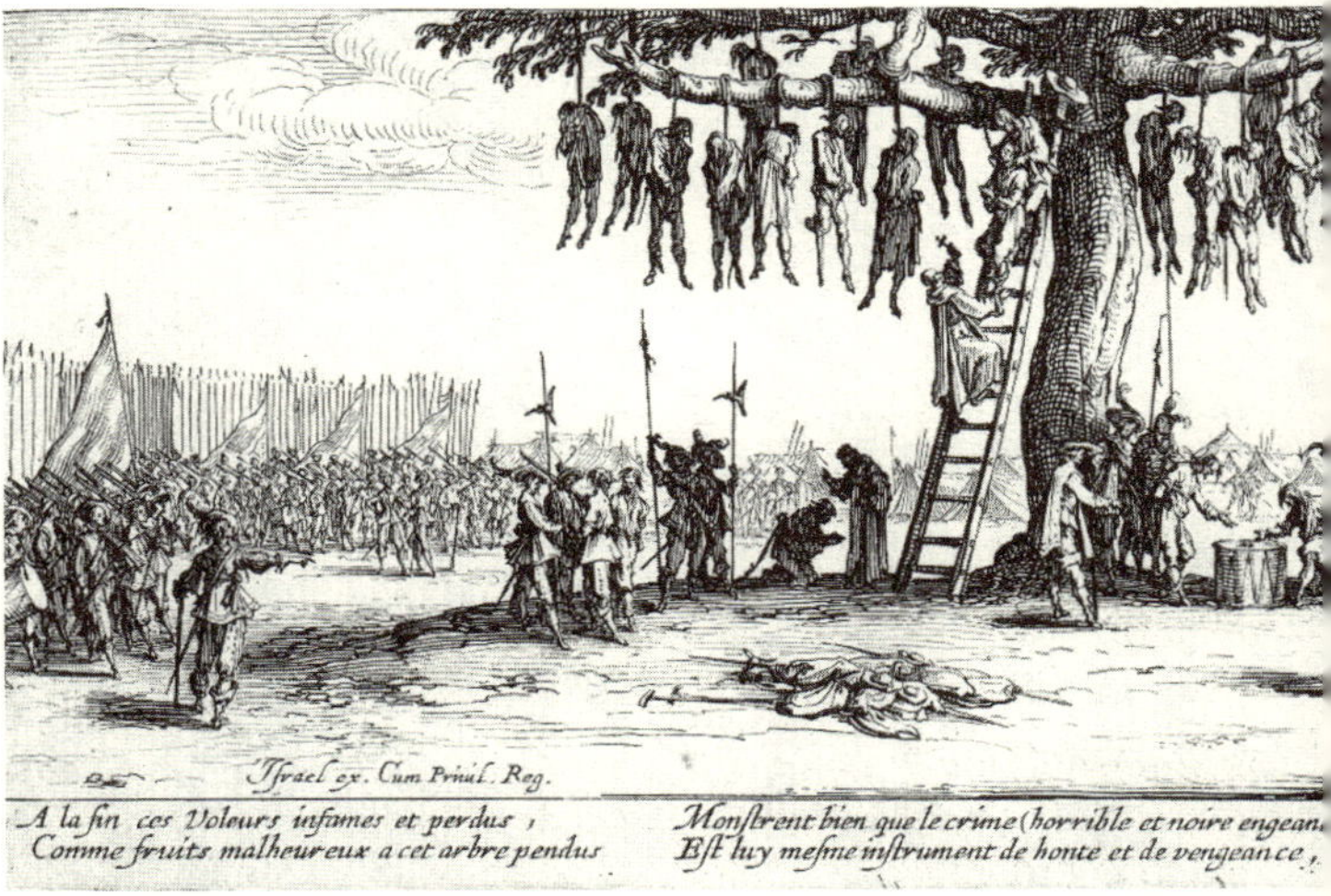

三十年戦争の際に起こった虐殺を描いた『戦争の惨禍』

三十年戦争の最初は神聖ローマ帝国内の局地的な宗教戦争であった。やがてヨーロッパ中を巻き込んだ国際戦争へと発展したのであった。

全体を巻き込んだ三十年戦争にもつれ込んだ。

最後で最大の宗教戦争と呼ばれた三十年戦争

１６１８年、ボヘミアにおけるプロテスタントの反乱をきっかけとして、神聖ローマ帝国を舞台に戦争が勃発した。緒戦はドイツ国内の新旧両派による宗教戦争であった。だが途中から西ヨーロッパの新教国、旧教国それぞれの介入により、大規模な国際紛争に発展していく。

この戦争は４つの段階に分け

ることができる。第1段階は1618〜23年までの「ボヘミア・プファルツ戦争」。第2段階は1625〜29年までの「デンマーク・ニーダーザクセン戦争」。第3段階は1630〜35年までの「スウェーデン戦争」。最後は1635〜48年までの「フランス・スウェーデン戦争」だ。名前はハプスブルク帝国に対抗する勢力や国家からとられている。

長期化の要因は新旧教徒の対立に加え、神聖ローマ帝国と領邦君主の対立、ハプスブルク家とブルボン家に代表される主権国家間の対立が複雑に絡んでいたからである。1648年のウェストファリア条約で講和した。

コラム **ルターを追放に処したカール5世**

カール5世はハプスブルク家出身の神聖ローマ帝国皇帝。ルターの扱いにはとても苦慮したようで、1521年にヴォルムスで開いた帝国会議に、ルターの身には危害を加えない約束で召喚した。だがこの会議でルターは異端とされ、教会から破門される。カール5世はルターを帝国追放に処した。だが国内ではプロテスタントが隆盛した。

A.D.1530〜1945年頃

世界に伝播して広がるキリスト教

宗教政策が定まらない英国改革派の清教徒は弾圧される

１５３４年にヘンリー８世が自らの離婚問題を契機に、英国国教会を立ち上げて以降、イングランドでは国王が代わるたびに宗教政策がプロテスタントとカトリックの間で揺れ動いていた。エリザベス１世の時代、中道政策が採られた。だがあくまで徹底したプロテスタント改革を要求する、カルヴァンの影響を強く受けた改革派も存在した。彼らは清教徒（ピューリタン）と呼ばれた。彼らはイングランド国内で弾圧されたので、一部は北アメリカに移住する。国内に残った者は国教会から分かれ、非国教諸派を形成した。

ここで正教会についても触れておこう。12〜15世紀にかけ東ローマ帝国は十字軍の遠征やそれに対抗するイスラム教徒の反撃など、世俗的には混乱を極めていた。だが正教会は新しい修道の精神が起きていた。それは静寂主義と呼ばれ、活発な修道運動が展開された。16世紀にはモスクワに総主教が誕生し、ロシア正教会が独立し、隆盛を誇った。

だが1682年に即位したピョートル1世の時代になると、彼が進めた西欧化政策の一環として、ロシア正教は北欧のプロテスタント国の制度を導入させられた。ドイツ出身のエカチェリーナ2世はプロテスタントから正教に改宗したが、教会を厳しく統制した。これがロシア正教会が精神的に荒廃してしまう要因となったといわれている。

新大陸に広まったキリスト教信仰復興運動が起こる

1620年9月、英国国教会の弾圧を受けた102人の清教徒は、わずか180トンの帆船「メイフラワー号」に乗り込み、イギリスを出帆、新天地アメリカへと旅立った。そして66日の苦難の航海の末、後のマサチューセッツ州プリマスにたどり着いた。そこで41人が法に服従することを誓う「メイフラワー誓約」に署名。これがアメリカの原型となった。

だが夢の新大陸は見渡す限りの荒野であった。厳しい冬を迎え、厳寒と病気のため半数以上が死亡。原住民の助けによって生き残った人々は、理想社会建設に向かいひたすら働いた。そのうち入植者たちは邪魔になってきた原住民を虐殺するようになった。彼らは自分たちに従う原住民には土着信仰を禁じ、キリスト教へ強制改宗させていったのである。

白人入植者の人口が大幅に増えてきた１７３０年代から40年代になると、北東部の13植民地で信仰復興（リバイバル）運動が起こる。これは第一次大覚醒と呼ばれるもので、人々の宗教的自覚を高めることになり、さらに教会の教義や制度にも変革をもたらした。その結果、社会や政治に多大な影響を与えたのである。

運動は神学者のジョナサン・エドワーズの力強い働きを通し、会衆派のニューイングランド全体に広がっていった。加えてイギリスから渡米したメソジスト伝道者ジョージ・ホイットフィールドが、新大陸の植民地各地に信仰復興をもたらした。また１７７６年に何事も自由の精神を重んじるアメリカ合衆国が建国されると、国教制度は否定され信教の自由が認められたのである。

アメリカのキリスト教会の特徴は、この信仰復興運動が繰り返されたことだ。１８００年代から30年代にかけては第二次大覚醒が起こった。この時より野外で行うキャンプ・ミーティングが始まっている。刑務所改革や禁酒、女性参政権、奴隷制度撤廃への動きも、この復興運動が発端となっている。

この頃、アメリカ大陸に連行されたアフリカ人は彼ら独自の言語、宗教など、全て剥奪されていた。しかも白人から奴隷として扱われ、激しく差別されていたのだ。だがキャンプ・ミーティングでは、白人が平時と比べれば黒人と対等に接してくれた。そこで救いを与えてくれる福音と出会ったのだ。以来、多くの黒人がキリスト教徒となっていく。

彼らは神に賛美を捧げる際、アフリカ特有の躍動するリズムを用いた。それが伝統的な賛美歌と結びつき、現在のゴスペルの基調となる音楽が生まれる。その後、ジャズやロックなどの音楽要素が取り入れられた。

１８５０年代後半にはドワイト・ライマン・ムーディーらを中心とする第三次大覚醒が起こる。この時の運動でも、キャンプ・ミーティングが数千カ所で開催された。ゴスペルソングも盛んに歌われている。そして社会福音運動、世界伝道運動といった運動も、この時の覚醒から盛り上がりを見せてきた。

全世界では3割以上の人がキリスト教を信仰

世界の三大宗教といわれているのはキリスト教、イスラム教、仏教である。だが人口だけで比べた場合、上位ふたつは変わらないが、三番目にはヒンズー教が入る。"三大"と言われるには「民族や地域を超えて広がる」「文化的、社会的な点で影響力が大きい」「入信に出自を問わない」という定義をクリアしなければならないのだ。ただここでは信者の数で並べてみた。世界で一番の数を誇ったのはやはりキリスト教徒であった。ただこの数は宗派を問わずに合算したもの。カトリック教徒だけなら、イスラム教徒に抜かれている。

宗教	人口	割合
キリスト教	2,254,000,000	33.4%
イスラム教	1,500,000,000	22.2%
ヒンズー教	913,600,000	13.5%
無宗教	769,000,000	11.4%
中国の伝統的な宗教	387,200,000	5.7%
仏教	384.000,000	5.7%
土着	270,300,000	4.0%
無神論	148.300,000	2.2%
新宗教	107,000,000	1.6%
シーク教	23,800,000	0.4%
ユダヤ教	15,090,000	0.2%
心霊主義	13,660,000	0.2%
バハーイ教	7,860,000	0.1%
儒教	6,410,000	0.1%
ジャイナ教	5,570,000	0.1%
道教	3,370,000	0.1%
神道	2,780,000	0.0%
ゾロアスター教	180,000	0.0%
その他	1,340,000	0.0%

百科事典「ブリタニカ」年鑑2009年版より。宗教人口を正確に把握するのは至難の技だ。

近代化を急いだイタリアは教皇の領土を大幅に削減する

アメリカでキリスト教（特にプロテスタント）が独自の発展を遂げていた頃、西ヨーロッパのカトリック教会は中世以来の権益が大きく損なわれる事態に陥っていた。ドイツやイタリアが遅れていた近代化に着手した際、カトリック教会を厳しく締め付けたのである。1860年に国家統一を果たしたイタリア政府は、国土中央部を占めていた教皇領を大幅に削減。怒ったローマ教皇ピウス9世は、イタリア国王と政府閣僚を破門してしまう。

さらに1869年から翌年にかけて開かれた第1バチカン公会議で、教皇の権限が大幅に強化される教義が布告されたため、カトリック教会内部からも反発が起こった。カトリック教会から離脱する教区や教会まで出てきてしまう始末であった。

だが19世紀後半になると、英語圏の国々でそれまで定められていたカトリック信徒に対する政治的差別条項が、順次廃止されていった。その頃、ジャガイモが疫病にかかったことで未曾有の食糧難に陥り、多くの餓死者を出したアイルランド大飢饉が起こった。それらがきっかけとなり、アイルランドのカトリック信者の多くが北アメリカに移って行ったのだ。こうしてカトリックの教勢も拡大に転じていった。

イエスをユダヤと戦う積極的戦闘者としたナチス

20世紀のキリスト教関連の大きな出来事は、第一次世界大戦の敗戦国ドイツで反ユダヤ主義を唱えるアドルフ・ヒトラーが独裁政権を樹立したことに関連している。ユダヤ人であるイエスから始まるキリスト教をどのように扱うか注目されたが、彼はキリスト教を積極的にナチス側に取り込む政策を採った。これは「積極的キリスト教」と呼ばれている。

当時のヨーロッパではドイツに限らずほとんどの国の民は、カトリックやプロテスタントなど宗派の違いはあるがキリスト教徒であった。この民衆を敵に回すのは得策ではない。それに政権獲得前のナチスの敵対勢力は共産主義者であり、共産主義は宗教を敵視していた。

そこで積極的キリスト教ではイエスは活動的な説教師、組織者、その時代の支配的存在であったユダヤ教に反対する戦闘者としての積極的な姿を強調したのだ。このようにキリスト教を政治活動に利用することは、古代からナチスの頃、さらには現在にまで続いているのである。

コラム　全てはコロンブスの新大陸発見から始まった

10代の頃から船に乗り始めたコロンブスは、1492年、41歳の時にスペイン王女イザベルの援助によりアジアを目指して大西洋を横断した。その際、サンサルバドル島に至る。以来、3回の探検航海により中央アメリカ沿岸を確認することとなる。この新大陸発見は、キリスト教がさらなる広まりを見せるきっかけとなったことは間違いない。

日本に初めてキリスト教をもたらしたイエズス会とは何か？

イエズス会はどのように誕生したのか？

イエズス会とはローマ・カトリック教会に所属する男子修道会のひとつである。1534年8月15日、イグナチオ・デ・ロヨラが6人の同志と共にパリのモンマルトルの丘に集まって誓約を立てて、1540年に教皇の認可を受けて創立した。では中心となったイグナチオとはどんな人物だったのだろうか。

1491年、彼はスペイン北部のロヨラ城で12人兄弟の末っ子として生まれた。イグナチオは、若い頃は博打や女、決闘が好きで生活は乱れていたという。しかし1521年、スペイン軍が守るパンプローナ要塞の戦いに軍人として従っていた時に、フランス軍から砲弾を受けて足に重傷を負ってしまう。そして療養生活のなかで信心が生まれて修道生活を行うようになった。

イグナチオはアルカラ大学を経てパリ大学のなかにある学院のひとつ、聖バルバラ学院に入学し、熱心に神学を学んだ。神学過程の学位を得た時には43歳になっていたというからその情熱がうかがえる。そして同じ学寮にいたのが、かのフランシスコ・ザビエルであった。

こうしてイグナチオの元にはザビエルをはじめ6人の同志が集った。そしてモンマルトルの丘の麓の小さな聖堂で誓いを立てたのである。キリストのように清貧に生きて隣人に尽くす、エルサレムに巡礼して生涯を人々のために捧げることなどである。

イエズス会の紋章。中心にあるIHSの由来はギリシア語のΙησους Χριστος(イエースース)の頭文字を取ったなど諸説ある。

その後、ローマ教皇によってイエズス会創設の認可を受けると、イグナチオが初代会長に就任。1548年に著した『霊操（心霊修行）』は彼の考え、精神を述べたものとして特に有名である。これはイエズス会における霊性修行やその方法を記したもので、その名の通り霊魂を鍛えることを目的としている。

そしてイエズス会は〝神のより大いなる

栄光のために〟をモットーに精力的に活動を行った。イグナチオは自らの生涯を口述筆記させると１５５６年にローマにて死去。１６２２年5月22日にはグレゴリウス15世によって列聖された。彼の思想は世界中へと波及し、天文18年（１５４９）にはフランシスコ・ザビエルによって極東の島国・日本にまで届くことになるのである。

1534年モンマルトルの誓い

1534年8月15日、聖母マリアの被昇天の祭日にイグナチオ・デ・ロヨラたちがパリのモンマルトルの丘にある聖堂に集まって誓約を立てたことがイエズス会発足のきっかけとなった。モンマルトルとはパリ北部にある地区で、現在も芸術家たちの村として有名である。19世紀にはゴッホやユトリロといった絵画の巨匠たちが根拠地としていた。

●創設メンバー

イグナチオ・デ・ロヨラ
（1491～1556年）

ピエール・ファーヴル
（1506～1546年）

フランシスコ・ザビエル
（1506～1552年）

ディエゴ・ライネス
（1502～1565年）

アルフォンソ・サルメロン
（1515～1585年）

ニコラス・ポパディィリャ
（1507～1562年）

シモン・ロドリゲス
（1510～1579年）

アブラハム三宗教の聖地として知られるエルサレムとキリスト教

エルサレムを舞台に連綿と続く宗教戦争

エルサレムはユダヤ教、キリスト教、イスラム教の三宗教の聖地であり、聖書の逸話の舞台となった。そのひとつがエルサレムの鶏鳴《けいめい》教会（聖ペテロ教会）を舞台にした「ペテロの三度の否認」。最期の晩餐でキリストはペテロに「今夜、鶏が鳴く前に三度私を知らないと言うだろう」と預言する。そしてキリストが捕縛された後、ペテロは逃げて、キリストの信者だという三度のざん言に、違うと否認するのだった。

エルサレムを最初に聖地としたのはユダヤ教だが、ついで数々の逸話に彩られたキリストの布教によってキリスト教、そして次にイスラム教の聖地となっている。その間、ローマ帝国やアラブ軍がエルサレムを支配したが1099年、聖地を異教徒から奪回するため十字軍がエルサレムに押しよせ、非キリスト教徒を殺戮した。しかし、1187年、クルド人のサラディンが十字軍を破り、ユダヤ人にもエルサレムに定住する権利を与え、その死後、十字軍がまた奪回。その後はイスラム教徒の支配、オスマントルコの支配と、目まぐるしく支配者が変わった。その時代の流れのなかで、ユダヤ人は離散の民となって世界に散らばっていった。

地理的にはパレスチナのなかにイスラエルがあり、そのなかにエルサレムがあるが、ユダヤ人の間でパレスチナの地に再び自分たちの国を建設しようという運動が起こったのは19世紀。その後、エルサレムを委任統治領としていたイギリスがユダヤ系移民のパレスチナ移住を認めた。その反面、イギリスは、トルコとの戦いを有利にするためアラブ人がトルコから独立して、パレスチナ国家を建国することを承認してしまった。これに起因してユダヤとアラブの紛争は現在も続いている。しかし、国際化の現代。共存を模索することが問われる時代といえる。

[三宗教にとってのエルサレム]

ユダヤ教　Judaism

嘆きの壁

ユダヤ人の祖先であるアブラハムがイスラエルに入植し、神への信仰と引き換えにカナンの地の支配権を約束されたのが始まり。後にエルサレムはエジプトの支配下に入り、モーセによるエジプト脱出を経て紀元前10世紀頃、カナン周辺で放牧生活から定住生活に入り一神教の信仰を成立させたとされる。さらにダビデがイスラエルの民の国王となり、次のソロモン王がエルサレムのシオンの丘に神殿を建立。エルサレムはユダヤ教にとって最も重要な聖地となった。

キリスト教　Christianity

鶏鳴教会

キリストはローマ共和制末期にエルサレムの郊外でユダヤ教の新たな一派として、キリスト教の説教を始めた。しかし、社会的な弱者の側に立った教えは保守的なユダヤ教の指導者の反発を招き、キリストはイスラエルのゴルゴダの丘で磔にされてしまう。キリストの教えを受け継いだ弟子たちは布教を続ける。そして、熱心なキリスト教信者だったローマ皇帝コンスタンティヌスの母ヘレナは、キリストゆかりのエルサレムの地に次々と教会を建設した。

イスラム教　Islam

岩のドーム

7世紀初頭、ムハンマドは天使ガブリエルを介して神の啓示を受け、メッカでイスラム教の布教を始めた。ユダヤ教やキリスト教を下敷きとしたイスラム教はアラビア半島全域に広まったが、ムハンマドは迫害を受けて活動の拠点をメディナに移した。しかし、コーランによればムハンマドはガブリエルに導かれ空の旅によってエルサレムへ訪れ、神殿の上で昇天したという。このためエルサレムはイスラム教にとってメッカ、メディナに次ぐ第3の聖地となった。

イラスラエルの歴史をたどる

【聖書時代】	
紀元前17～6世紀	アブラハム、イサク、ヤコブ（ユダヤ民族の族長）がイスラエルの地に定住。
紀元前13世紀頃	イスラエルの民はモーセに率いられてエジプトを脱出（出エジプト）。
【バビロン捕囚時代】	
586～538 BCE	バビロン捕囚。
【第二神殿時代】	
538～142 BCE	ペルシア・ギリシア時代。
332 BCE	アレクサンダー大王がイスラエルの地を征服、ギリシアによる支配が始まる。
63～64 BCE	ローマのヘロデ王がイスラエルの地を支配。エルサレムの神殿を改築。
紀元後30	イエス・キリスト、エルサレムで十字架刑に処せられる。
【外国による統治時代】	
313～636	ビザンチン時代。
636～1099	アラブ征服時代。
691	エルサレムの第一神殿及び第二神殿の敷地に、カリフのアブドゥルマリクが「岩のドーム」を建造。
1099～1291	十字軍時代（エルサレムのラテン王国）。
1291～1516	マルムーク朝時代。
1517～1917	オスマン帝国時代。
1917	英国の征服により、400年に及ぶオスマン帝国支配が終焉。
	英国のバルフォア外相が、パレスチナにおけるユダヤの祖国建設支持を宣言。
1947	国際連合のパレスチナ分割決議。
1948	英国委任統治の終了（5月14日）、イスラエルの独立宣言（5月14日）、アラブ5カ国によるイスラエル侵攻（5月15日）、第一次中東戦争起こる（1948年5月～1949年7月）。

わが民を解放し十戒を与える

メッカ、メディナにつぐ聖域

パレスチナ問題混迷の原因！

第二章　日本とキリスト教の記憶をたどる

江戸時代におけるキリシタンの迫害
キリスト教はなぜ禁じられたのか？

弾圧のきっかけとなったマカオでの日本人殺害

江戸幕府の創始者・徳川家康は「関ヶ原の戦い」（1600年）後も、キリスト教の布教を容認していた。貿易船に許可状（朱印状《しゅいんじょう》）を発給して東南アジアへ派遣し、そこを植民地にしていたスペインなどとの交易を盛んに行わせ、外国人航海士も数多く登用していた（朱印船《しゅいんせん》貿易）。

ところが、その政策を一変させる事件が起きる。慶長14年（1609）、キリシタン大名のひとり、有馬晴信（島原・天草領主）の朱印船の乗員らが、派遣先のマカオでポルトガル船の乗員や現地民とトラブルを起こしたのだ。この鎮圧のため、現地のポルトガル軍が動員され、乗組員と有馬の家臣48名が殺害される。

翌年、マカオの総司令官アンドレ・ペソアが釈明のために長崎へやってくると、有馬は軍船を出し、ペソアの船を攻撃して沈めたが、幕府の咎めを恐れて騒動を隠蔽し

潜伏キリシタンの歴史

慶長19年（1614）

江戸幕府の全国的禁教令発布

↓

潜伏キリシタン

徳川幕府政権が安定を見せ、その幕府から禁教令が発せられたことで多くのキリシタン大名が棄教。その領内の信者たちも多くが棄教した。一方で密かに信仰を続ける「潜伏キリシタン」も存在した。

↓

明治6年（1873）

キリシタン禁制の高札撤廃。弾圧の停止

カトリック

潜伏キリシタンのうち、半数近くが公教会に復帰。宣教師らも再来日し、カトリック教会を拠点とする信仰および布教が約260年ぶりに復活する。

かくれ

禁教令が解かれて潜伏する必要がなくなった後も、江戸時代に行っていた独自の信仰様式、密かな信仰体制を続け、カトリック教会に戻らない信者がいた。

仏教など

明治初期は天皇の神格化と神道の推進が図られ、「廃仏毀釈運動」により仏教徒が迫害された。しかし、明治10年までには沈静化し、再び神仏習合に戻った。

た。これに付け込んだのが家康の重臣・本多正純の家臣で岡本大八という人物だ。岡本は有馬と家康との間を取り次いだが、実際には口利き料だけをせしめ、務めを果たさなかった。

慶長17年（1612）、これが発覚し、激怒した家康は岡本を火あぶりに処す。有馬も事件隠蔽の罪を問われ死罪となった。この事件は、日本とポルトガルの国際問題に発展したが、当事者の有馬も岡本もキリシタンだったことが騒ぎを大きくした。

家康は元々、天海《てんかい》や林羅山《はやしらざん》、以心崇伝《いしんすうでん》など仏教僧との結びつきが強い人物だ。天海らは宣教師やキリシタンらが寺社を破壊し、仏僧へ無礼を働くことに憤りを覚えていた。その仏教僧らの訴えで、家康はキリスト教を急速に危険視するようになる。

もうひとつの原因が、当時のキリスト教国家による植民地戦略である。スペインやポルトガルは、アジア侵略の布石としてまず宣教師たちを派遣し、領民たちをキリスト教徒として味方につけ、権力者の打倒と占領への布石としていたのだ。マカオでさえ、ポルトガルの植民地である。このままでは日本にも西洋の軍隊がやってくるに違いない――。

そう考えた家康は、先の事件を契機とし、同年に幕府の直轄地である長崎や京都などに「禁教令」を出す。翌年に「禁教令」は全国へ拡大。「バテレン追放令」が出され、宣教師の追放などが行われた。家康が元和2年（1616）に亡くなると、その跡を継いだ秀忠や家光はキリスト教の弾圧を強めていく。

「島原の乱」を契機に太平の世が到来する

そうしたなか、有馬の旧領であった島原・天草を新たに治めていた松倉重政は領民から重税を搾り取り、失政を続けた結果「島原の乱」（１６３７年）を引き起こす。この大乱には有馬晴信や「関ヶ原」でお家断絶となった小西行長に仕えた浪人が多数参加した。そして、この領内には信仰を奪われた隠れキリシタン領民が多数おり、彼らが一揆軍の主力となった。結果、４万人近い規模の軍勢となった一揆軍に幕府も手を焼き、５カ月もかけてようやく鎮圧する。

「島原の乱」は島原藩主の松倉の失政への反発が第一の原因で、宗教戦争という色合いは薄い。だが、これをもって大規模な内乱は治まり、日本は太平の時代に入る。これに前後し、幕府は交易をキリスト教の布教を行わないオランダや中国のみに制限する鎖国政策に転換していく。

徳川幕府によるキリスト教迫害と、鎖国政策は、犠牲になったキリスト教徒や宣教師の被害が強調されがちであり、また「鎖国が文化の停滞をもたらした」という「負」のイメージでとらわれがちだ。だが、実際に統治者である徳川幕府の立場に立ってみると、外圧から日本を守るための防衛政策でもあったのである。

遠藤周作が苦悩の果てにたどりついた『沈黙』に秘めた思い

物語の舞台に建つ日本でも希有な文学館

長崎県外海地区に建つ遠藤周作文学館。ここはキリスト教をテーマにした小説『沈黙』の舞台となった地でもある。2016年にはマーティン・スコセッシ監督の手により『沈黙』は映画化された。

遠藤周作は大正12年（1923）に生まれた。幼少期を満州で過ごした後、帰国後の12歳の時に母の影響でカトリックの洗礼を受けている。一旦上智大学予科に入学すると神に関する評論を発表。中退して慶応義塾大学に入学した。

卒業後はフランスへ留学。帰国後に批評家として活動を始めると1995年に小説『白い人』で芥川賞を受賞して一躍注目を集めるようになった。そして自身のアイデンティティであるキリスト教をテーマにした『海と毒薬』『侍』『深い河』など数多くの作品を執筆。『沈黙』はそのなかでも燦然と輝く傑作だ。

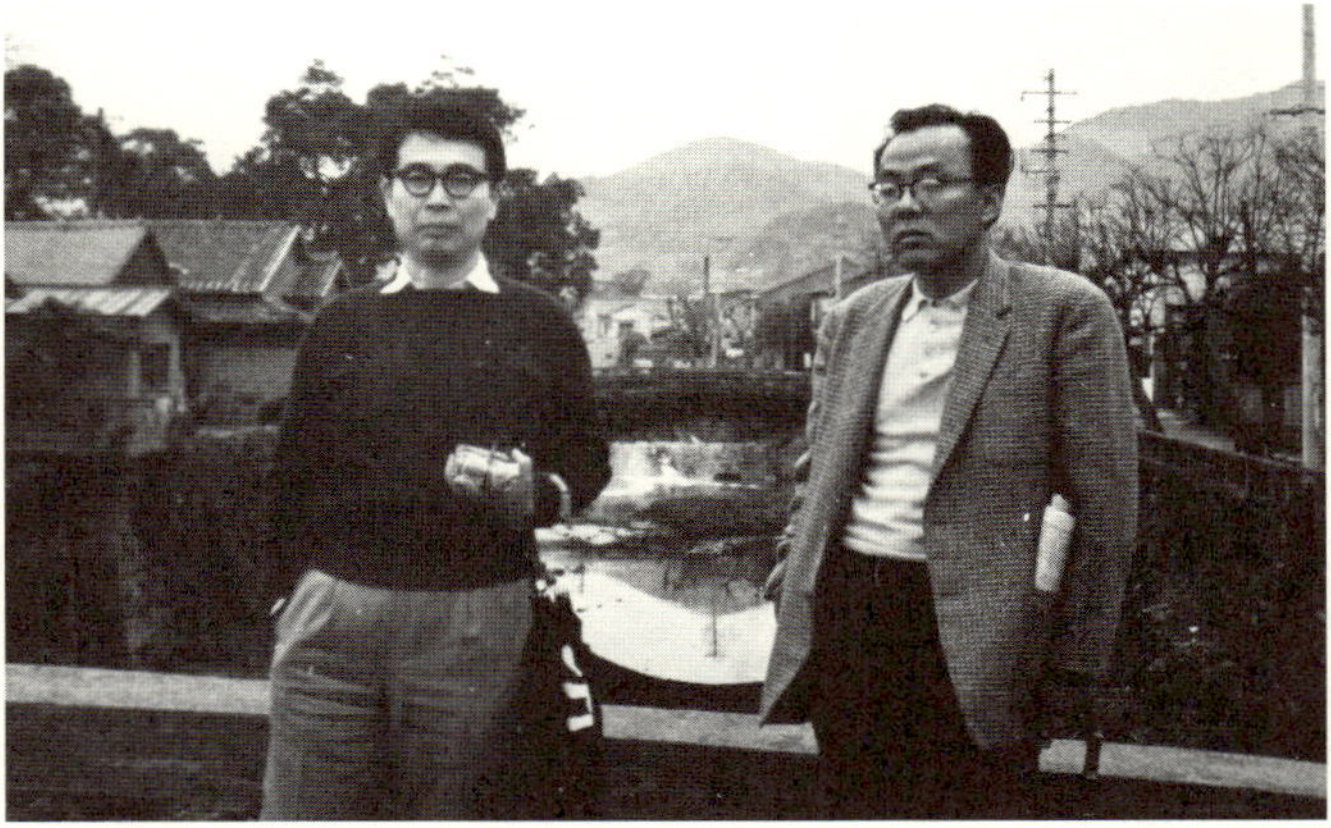

『沈黙』の取材旅行中の遠藤周作（右）と同行人の三浦朱門。

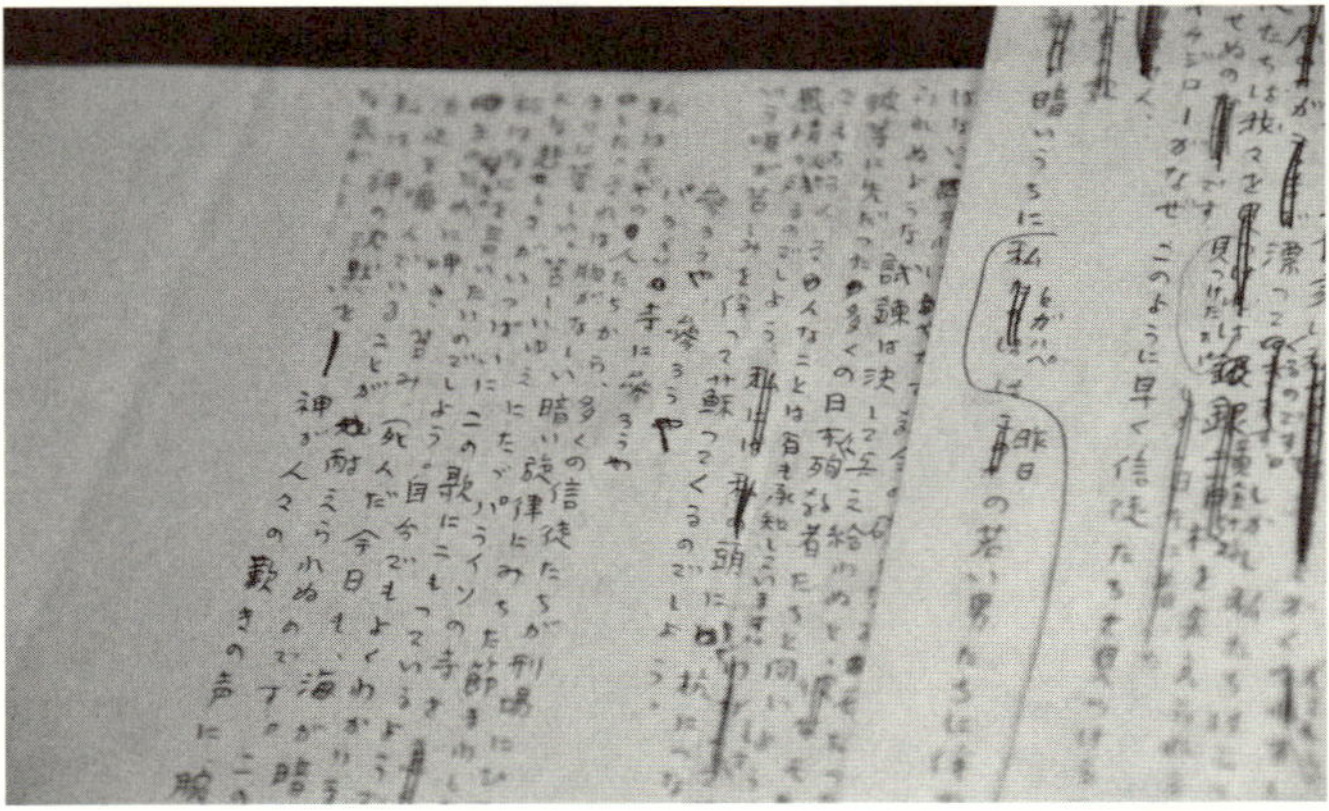

原稿用紙の裏にびっしりと書かれた直筆原稿に圧倒される。「参ろうやパライソ（天国）寺に参ろうや」は平戸に伝わるオラショである。　遠藤周作文学館蔵（写真2点）

「幼少期から積み重ねて来た日本人としてのキリスト教をどうやって咀嚼《そしゃく》していけばいいのかという遠藤の思いを感じます。読むたびに心に響く力強さ、宗教を越えた人間の弱さがあって国境を越えて永く広く読まれる物語だと思います」と学芸員の北村沙緒里さん。

『沈黙』では信仰を守るために踏み絵を踏むことが賛否両論を呼んでいる。しかしそこには自分が信じる物を踏むということへの大きな葛藤が描かれている。

「誰が踏みたくて踏絵に足をかけたろう／踏み絵に足をおいた時その足はどんなに痛かったことか」と遠藤は色紙に書き残した。

物語の舞台を自らの足で歩き、そして直筆の原稿などを通してその世界を追体験してみたい。

遠藤周作文学《えんどうしゅうさくぶんがく》館

長崎県長崎市東出津町77
☎0959-37-6011
開館時間／9:00〜17:00
観覧料／360円
休館日／12月29日〜1月3日
アクセス／JR「長崎駅」より車で40分

十字架の祈りと長崎の歴史
潜伏キリシタンの聖地を巡る

外海（そとめ）

小説『沈黙』の舞台となった外海に残るキリシタンの軌跡

昨夜の猛烈な嵐が嘘のように晴れ渡った外海《そとめ》で朝を迎えていた。2018年に世界文化遺産に登録された「長崎と天草地方の潜伏キリシタン関連遺産」の構成資産のひとつ〝外海の出津《しつ》集落〟にある出津教会堂は朝焼けのなかで神々しく輝いている。ここ外海地方は遠藤周作の小説『沈黙』の舞台になった土地である。江戸時代初期のキリシタンに対する激しい弾圧を経て、潜伏しながら信仰を守り続けた人々がいた。吹き荒ぶ海風と急峻な崖が連なる陸の孤島に当時の暮らしを想起する。潜伏キリシタンとは一体、どのような人々だったのだろうか。その真実の姿を知るための旅を始めたい。

まずここ外海地方のキリシタン史を語る上で外せないのがド・ロ神父である。明治

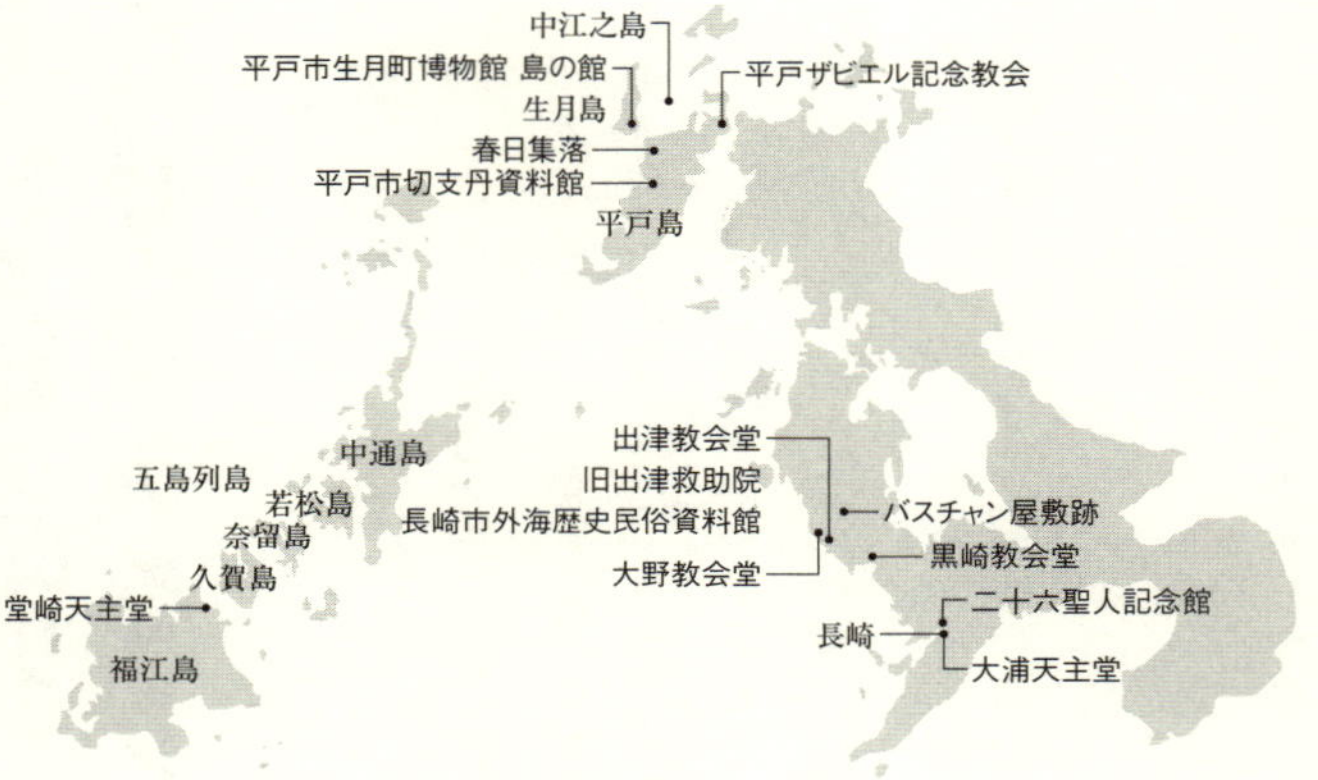

6年（1873）、明治政府によってキリシタン禁制の高札が撤廃されると、外海の出津集落にペルー神父が藁葺きの聖堂を建てた。キリスト教の復活後、初めてのミサが行われたのである。そして明治12年（1879）、外海地区の司祭として赴任してきたのがマルク・マリー・ド・ロであった。彼はフランスの貴族出身の宣教師で、まだキリシタンへの目が厳しい日本での布教という使命を持っていた。断崖が連なる外海の港に上陸したド・ロ神父は険しい地形を開墾して暮らす貧しい人々の姿を目の当たりにした。

ド・ロ神父による教会建設と潜伏期の外海地方

集落を歩くと至る所に石積みを見ることがで

キリスト教信仰を今に受け継ぐ

出津教会堂《しつきょうかいどう》

明治15年（1882）にド・ロ神父自らの設計・施工によって建てられた教会。できるだけ集落から見えるようにという神父の思いから小高い山の斜面にある。角力灘（すもうなだ）の風当たりなどを考慮して煉瓦造り平屋建ての低い屋根を持つ建物とした。その後の増築によって、両端に双塔を有する珍しい外観となった。

長崎県長崎市西出津町2633
アクセス／「出津文化村」バス停より徒歩10分

きる。これは潜伏キリシタンが開墾し、石積みによる段々畑を形成した名残である。国道202号の開通によって多くの石積み護岸は失われたが、その独特の景観は往時の様子を伝える貴重な遺構だ。またド・ロ神父は地元の玄武岩を使った石積みの壁を教会や建物に利用した。これは〝ド・ロ壁〟と呼ばれてこちらも外

美しい外海の海原を望む

黒崎教会堂《くろさききょうかいどう》

角力灘(すもうなだ)を望む高台に建つ赤煉瓦の教会堂。明治初期、黒崎地区には湯穴という場所に仮聖堂が建てられたが、信徒の増加によって現在地に教会堂を建築した。敷地の造成は明治32年(1899)に完了していたが、建築には多くの時間を要した。完成したのは大正9年(1920)。基本設計にはド・ロ神父も関わったとされる。

長崎県長崎市上黒崎町26　アクセス/「黒崎教会前」バス停よりすぐ

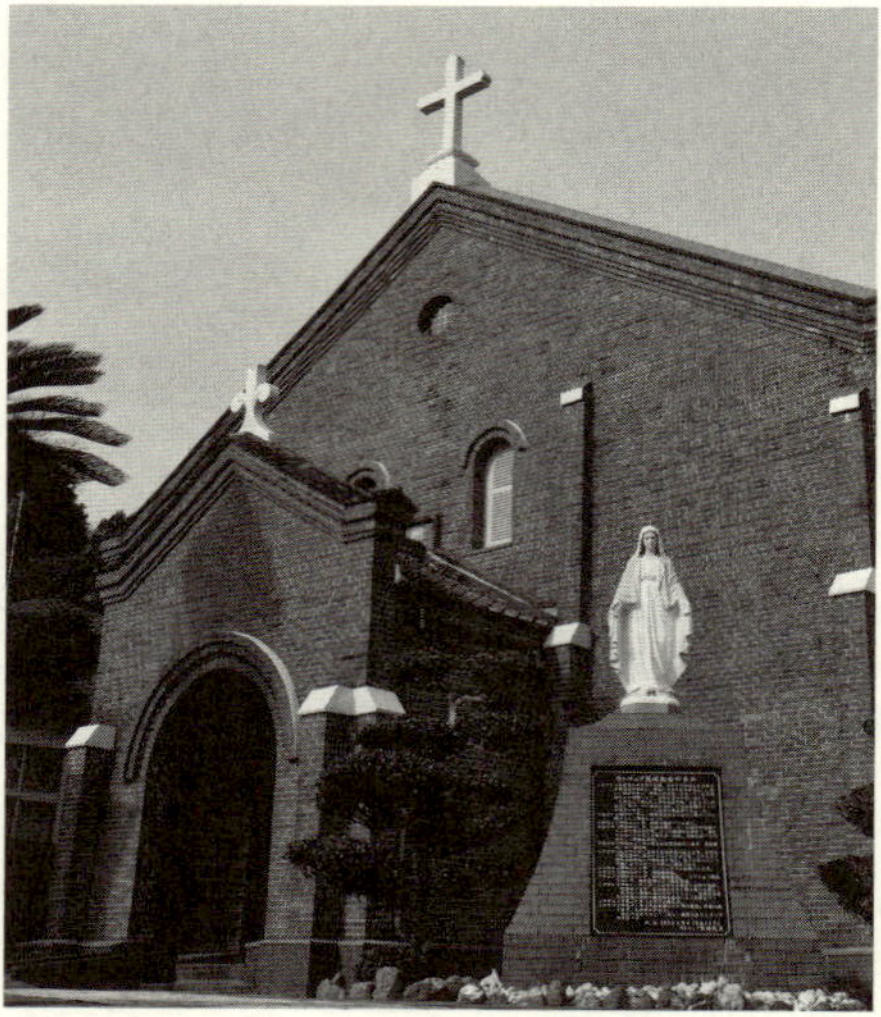

海を象徴する景観を構成している。急な河岸段丘にある外海は稲作が行えるような土地はなく、江戸時代の主食はサツマイモだった。ド・ロ神父は、村人たちを生活の困窮から立ち上がらせるため青年教育所を設けて農業や漁業の技術指導をし、救助員を設立して女性たちに授産指導と基礎教育を施している。また医療事業にも尽力した。当時は赤痢や腸チフスが流行していたため、フランスから薬を取り寄せて薬局を開き、彼自身も代診を担当。隔離病院も設立して病の蔓延を防いだ。こうして彼は一度も祖国に帰ることなく、村人

と共に暮らしながら生涯を捧げた。では江戸時代の潜伏期において外海ではどのように信仰が受け継がれ

困窮に苦しむ人々を救った

旧出津救助院《きゅうしつきゅうじょいん》

正式には黒崎村女子救助院。特に社会の中で弱い立場にあった女性が自立できる場を作るために開設された。ド・ロ神父は織布や編み物、素麺、マカロニ、パンなどの製造を指導。これらは商品として外国人居留地や地元などで販売された。現在も院内に当時の道具などが展示されており、神父の精神を感じることができる。

長崎県長崎市西出津町2696-1　☎0959-25-1002　開館時間／9:00〜17:00　休館日／月曜（祝日の場合は翌日）　アクセス／「出津文化村」バス停より徒歩5分

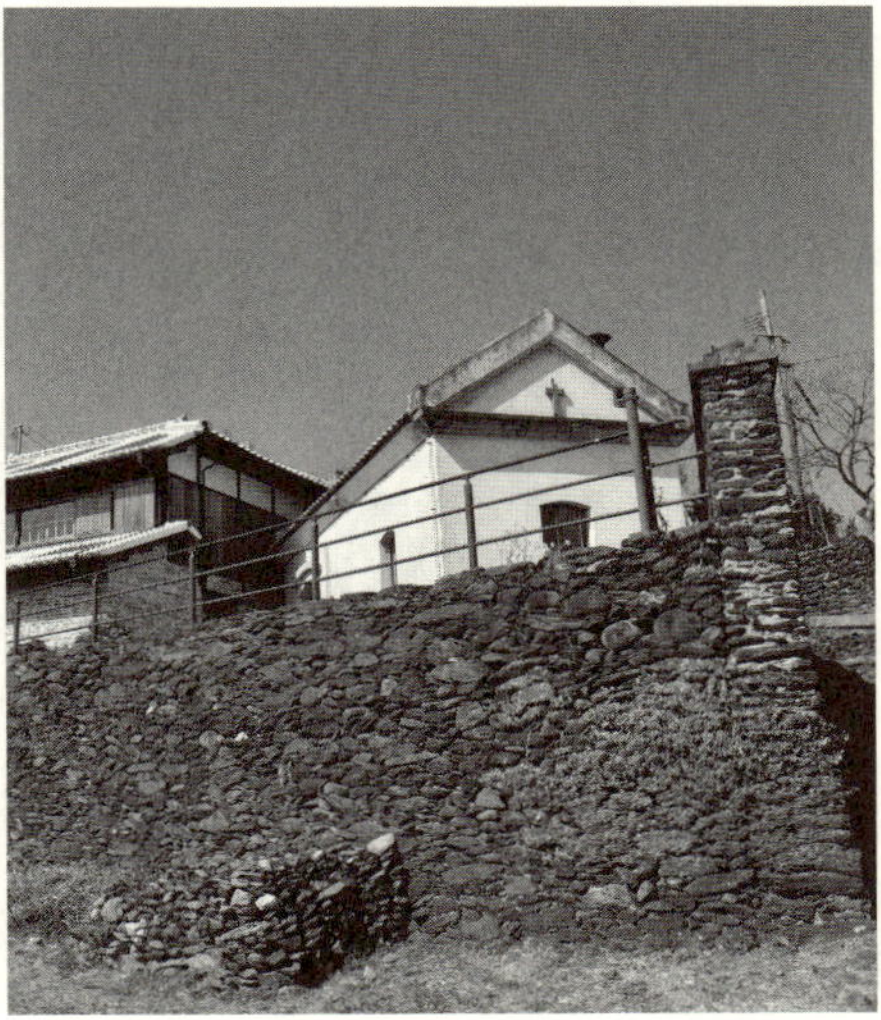

生涯をかけて人々を救済したド・ロ神父

1840年にフランスのノルマンディー地方近郊の村で生まれる。慶応4年（1868）に来日して長崎で布教に従事。横浜に転属したが、明治6年（1873）に浦上四番崩れで流刑された信徒が釈放されたのを機に長崎へ戻る。明治12年（1879）、出津教会主任司祭として外海に赴任。救助院を設立し医療などを通じて社会福祉事業に尽力した。

伝説の伝道師が
潜伏した地

バスチャン屋敷跡《ばすちゃんやしきあと》

伝説の日本人伝道士バスチャンが潜伏していたとされる屋敷跡。禁教令によって外海の神父が追放された後にキリシタンを指導したといわれている。現在の建物は伝承を後世に残すために建てられた。彼が伝えたというバスチャン暦(日繰り帳)のおかげで司祭のいない時代でもミサなどの年中行事を日程通りに行うことができたという。

長崎県長崎市新牧野町1397-1
アクセス/「出津文化村」バス停より車で10分、入口の案内板から徒歩5分

ていたのか。その痕跡を残す史跡のひとつがバスチャン屋敷跡だ。海岸から車で10分ほど。看板に従って鬱蒼《うっそう》とした山を分け入って行くと入口に到着。森の中を歩くと小川のせせらぎの側に小屋が建っている。ここは日繰りや予言などを残したという伝説の日本人伝道師バスチャンが実際に潜伏していたとされる場所だ。そこには当時の潜伏期を想像した隠れ家が建つ。訪れた時はちょうど保存会による改修工事が行われていた。「見学に来てくれたとですか?」と気さくに話しかけてくれる地元の方々。人気のないこの山奥で

私財を投じて建てた石造りの教会

大野教会堂《おおのきょうかいどう》

明治26年（1893）に26戸の信徒たちのためにド・ロ神父が建てた教会。費用は神父の自費と信徒たちの奉仕によって賄われた。ひっそりとした森のなかにあり、ド・ロ壁による壁面が大きな特徴である。現在も一年に一度だけミサが行われている。国の指定重要文化財であり、世界遺産を構成する大野集落の象徴でもある。

長崎県長崎市下大野町2619
アクセス／「大野」バス停より徒歩10分

外海の歴史を物語る

長崎市外海歴史民俗資料館《ながさきしそとめれきしみんぞくしりょうかん》

長崎市外海地区の歴史資料の収集・保存・調査研究を行う資料館。先史時代の遺跡や明治大正期の民具を展示するほか、大村・鍋島（佐賀）藩の支配下にあった潜伏キリシタンが残した貴重な資料も見ることができる。出津文化村を形成する施設のひとつであり、出津教会堂やド・ロ神父記念館、旧出津救助院などが近くに点在している。

長崎県長崎市西出津町2800　☎0959-25-1188
開館時間／9:00～17:00　入館料／300円　休館日／12月29日～1月3日　アクセス／「出津文化村」バス停よりすぐ

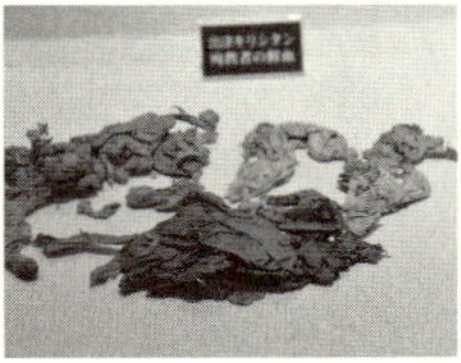

殉教者の鮮血を吸ったと伝承される布。外海地区でも度々見せしめとしてキリシタンの処刑が行われたのである。

潜伏キリシタンが使用していたオラショ（祈り）が書かれた紙。ラテン語に由来するキリシタン用語。表向きは仏教徒を装いながら信徒は密かにオラショを唱えた。

伝道師は何を思っていたのだろうか。高台に出ると昨日とは打って変わった真っ青な海と空が広がっている。彼方には五島《ごとう》列島の島影もうっすらと見えている。江戸中期には外海から五島へと渡ったキリシタンたちもいたのだ。

最後に訪れたのが長崎市外海歴史民俗資料館である。ここには明治や大正時代の民具や、潜伏キリシタンの人々が所持していたロザリオや十字架といった道具が寄贈の上展示されている。「外海は長崎一帯を統治していた大村藩と、飛び地のあった鍋島《なべしま》藩（佐賀藩）によって管理されていました。昔は船で来るような陸の孤島だったのです」と資料館の平野正敏さん。ではなぜ外海にキリシタンが多かったのだろうか。

「永禄6年（1563）、日本初のキリシタン大名となった大村純忠《すみただ》は領民にもキリスト教信仰を奨励しました。しかし嫡男の大村喜前《よしあき》になると状況は悪化しました。バテレン追放令を受けて喜前は棄教しキリシタン集会所は壊されていきました」

かつては6万人のキリシタン信者がいたとされる大村藩だが、突然の禁教は領民たちを困惑させたに違いない。そして厳しい迫害の時代を経て潜伏へと至ったのである。一方鍋島藩は比較的寛容だったようで、密かに信仰を守ることができた。

そして明治時代になり復活期を迎えたが別の問題が起こった。潜伏キリシタンからカトリックに復帰する人もいれば、潜伏期の信仰を続ける人もいた。これはかくれキリシタンと呼ばれている。現在は昔の信仰を守る組織は外海地区にはひとつしか残っていないそうだ。また潜伏していても暗黙のなかで保護してもらっていたという恩義から仏教に帰依する人もいた。こうして潜伏期を経て、それぞれの道を歩き始めた信徒たち。信仰とは一体何か。さらに聖地を巡る旅は続く。

コラム

外海から五島列島へ渡った潜伏キリシタンの話

長崎港から西方100㎞に位置する、140近くの島々で構成されている五島列島。永禄9年（1566）にイエズス会宣教師のルイス・デ・アルメイダたちが布教を行っているが、その後の禁教令で一度衰退した。しかし江戸時代になると五島藩が大村藩から開拓民の移住を働きかけた。そして寛政9年（1797）に外海地区から108名が五島へと移住。彼らは潜伏キリシタンであり、これが五島に再度キリスト教信仰が根付くきっかけとなったとされる。そして明治期前後の弾圧を乗り越えた信徒たちは次々と各地に教会堂を建設していった。野崎島《のざきじま》の集落、頭ケ島《かしらがしま》の集落、久賀島《ひさかじま》の集落などは世界遺産の構成資産として選ばれている。

五島列島最大の福江島の堂崎天主堂。明治41年(1908)に完成。現在はキリシタン資料館として利用されている。

長崎の聖地

日本二十六聖人に捧げられた現存する日本最古の教会

大浦天主堂は江戸時代末期、まだキリシタン禁制の高札が掲げられていた元治2年（1865）に建てられた教会である。35年にわたって神父を務める諸岡清美さんに話を伺った。

「当時、日本では箱館、長崎、横浜、神戸、新潟の5つの港が開かれました。そこに外国人居留地ができてパリ外国宣教会が日本に上陸して布教に訪れたのです。まず最初に横浜の山下教会、2番目に建てられたのが大浦天主堂。最初は外国人のためになら建てても良いという話で、四分の1くらいの大きさでした」

大浦天主堂の正式名は「日本二十六聖殉教者堂」といい、西坂で殉教した聖人たちに捧げられた建物である。そして天主堂は「信徒発見」の舞台にもなった。

教会ができて約1カ月後の3月17日に松本ユリをはじめとする浦上の潜伏キリシタン15名が天主堂を訪ねて、プチジャン神父に自分たちが信者であることを打ち明けたのである。

「信頼できる教会と神父を探して信徒も様子を伺っていたのでしょう」

2018年7月に世界文化
遺産に指定された

大浦天主堂《おおうらてんしゅどう》

信徒発見の舞台となった大浦天主堂。昭和8年（1933）に国宝指定。2016年一般の教会より上位にあたる日本初の小バシリカに指定。

長崎県長崎市南山手町5-3
☎095-823-2628
拝観時間／8:00〜18:00（受付は〜17:30） 拝観料金／1000円 アクセス／路面電車「大浦天主堂」電停より徒歩5分

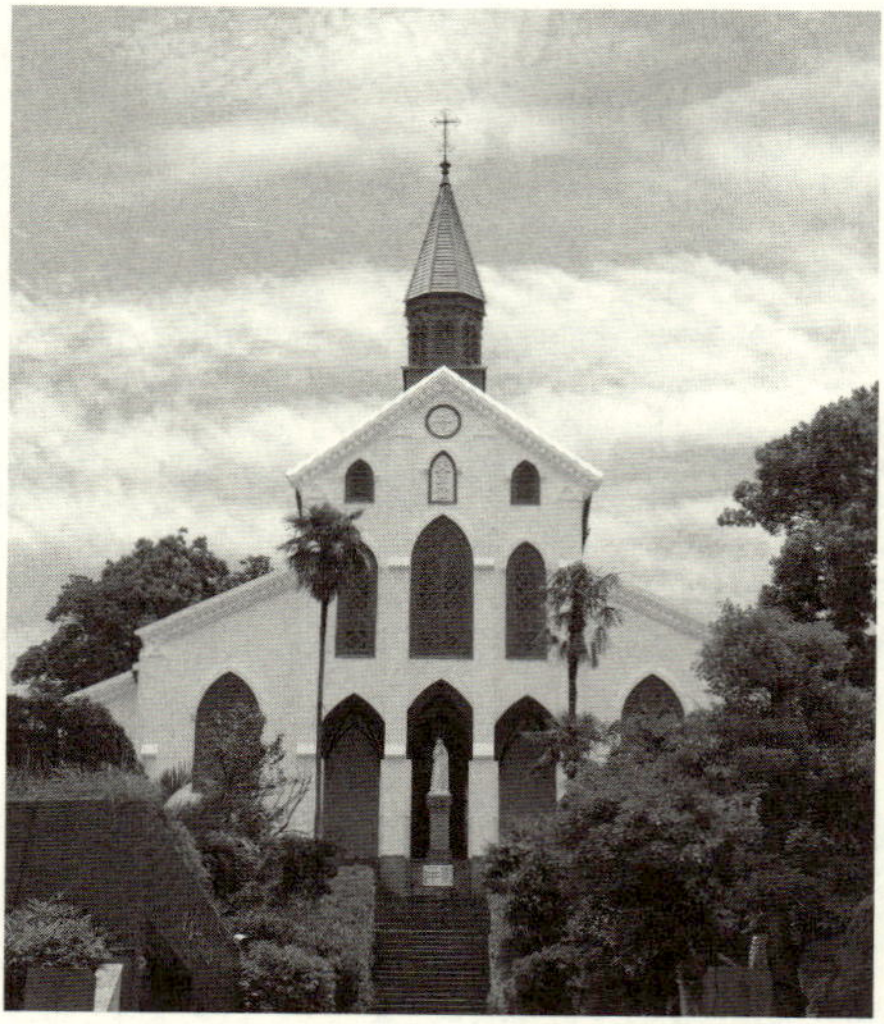

しかし、彼らの苦難はまだ続いた。慶応3年（1867）に3000人の信徒が捕らえられて日本各地に流刑となったキリシタン弾圧事件が起こる。浦上四番崩れである。「島津の軍艦に乗せられて旅立つ信者を神父は悔しい思いで見ていたと思います」と話す諸岡さん。

6年の流刑後、西洋化を進める日本は禁教の高札を外していった。そして祖先が大切にしたものを守りたいという弛《たゆ》まぬ思いが、信仰の復活へとつながった。

殉教の地・西坂の丘に建つ

二十六聖人記念館《にじゅうろくせいじんきねんかん》

彫刻作品「日本二十六聖人記念像」。当初は長崎港を望む景勝地であった。館内には天正遣欧少年使節・中浦ジュリアンの手紙なども展示。

長崎県長崎市西坂町7-8　☎095-822-6000　開館時間／9:00〜17:00　料金／500円　休館日／12月31日〜1月2日　アクセス／JR「長崎駅」より徒歩5分

祈りの記憶を伝える二十六聖人記念館

日本二十六聖人とは慶長元年（１５９７）12月19日に豊臣秀吉の命によって長崎の西坂で磔刑に処された26人のカトリック信者たちを指している。

日本人キリシタンは20名、またスペインやメキシコ、ポルトガル人などの司祭・修道士６名も含んだ殉教者たちだ。

現在、その殉教地にはローマ教皇による列聖１００年を記念した記念館と、彫刻家・舟越保武氏が昭和37年（１９６２）に作った彫刻の記念碑「日本二十六聖人記念像」が建っている。

聖フランシスコ・ザビエル直筆の書簡や映画「沈黙―サイレンス―」（2016）にも登場した聖画「雪のサンタマリア」など、館内にはキリスト教の歴史を伝える貴重な資料が展示されている。そのなかでも特に見学したいのが被爆したマリア観音だ。「弾圧と被曝という2つの記憶を持った資料として大変貴重です」とマネージャーの宮田和夫さんは話す。

コラム **世界文化遺産に指定 「長崎と天草地方の潜伏キリシタン関連遺産」**

平成30年（2018）6月からユネスコ世界遺産委員会で審議され、同年7月に新たに世界文化遺産に登録されたのが「長崎と天草地方の潜伏キリシタン関連遺産」である。

キリシタンたちが潜伏していた時期に密かに拝んだ山や島、また独自の信仰形態が生まれた外海地方など各地の集落、そして復活の象徴である大浦天主堂など12の資産によって構成されている。

それぞれの構成資産は潜伏キリシタンの信仰継続の歴史・伝統に沿って、信仰の始まりから伝統の形成、伝統の維持と拡大そして伝統の変容と終わりの４段階に分類され、８市町に点在する。
ぜひ実際に長崎や天草を訪れて遺産に触れたい。

［ 構成資産リスト ］

❶原城跡

❷平戸の聖地と集落
（春日集落と安満岳）

❸平戸の聖地と集落
（中江ノ島）

❹天草の﨑津集落

❺外海の出津集落

❻外海の大野集落

❼黒島の集落

❽野崎島の集落跡

❾頭ヶ島の集落

❿久賀島の集落

⓫奈留島の江上集落
（江上天主堂とその周辺）

⓬大浦天主堂

上／天草にある﨑津集落。
右上／閑静な平戸の集落が眼下に広がっている。
右下／往時の面影を残す原城跡。石垣に沿って道が延びている。

平戸（ひらど）

独自のキリシタン信仰が息づく平戸島を訪ねる

長崎県の北西にある平戸島をぼんやりとした雲が覆っていた。ここは古くは遣唐使船の寄港地として世界を結ぶ要所であった。そして天文19年（1550）、ポルトガルの貿易船が来航し、さらに同年フランシスコ・ザビエルが訪れてキリスト教の布教が始まった地でもある。当時の領主・松浦《まつら》隆信は鉄砲や火薬のほか、生糸や絹織物などをもたらす南蛮貿易を推し進め、平戸は世界地図にフィランドと記されるようになった。そしてその港は大いに賑わったといわれている。

戦国時代、松浦氏の重臣だった生月島《いきつきしま》の籠手田安経《こてだやすつね》は主の命によってキリスト教の洗礼を受けた。それによりほとんどの島民が改宗したが、慶長4年（1599）に発布された禁教令により状況は激変。松浦隆信の嫡男・鎮信《しげのぶ》は全国に先駆けて15年も早く禁教を始めたのである。

弾圧は過酷を極め多くの信徒が殉教していった。平戸の象徴となっている平戸ザビエル記念教会には殉教者たちに捧げられた碑も建っている。しかし籠手田氏は信仰を捨てられず、領民800名と共に長崎へと逃れた。そして残った者たちは潜伏しながら信仰を伝えてき

フランシスコ・ザビエルゆかりの地

平戸ザビエル記念教会《ひらどざびえるきねんきょうかい》

1931年に大天使ミカエルに捧げるために建てられた教会。献堂40年を記念して当地ゆかりのザビエル像を建立。教会の名前も「平戸ザビエル記念教会」と改められた。裏手にある瑞雲寺からの景観は「寺院と教会が見える風景」として異文化が織り交ざった平戸の地域性を表すものとなっている。

長崎県平戸市鏡川町259-1　アクセス／「平戸市役所前」バス停より徒歩5分

五島奈留島のかくれキリシタン行事を撮影したもの。外海や浦上系の地域では集落規模の組が存在し、オラショなどが唱えられた。
平戸市生月町博物館 島の館蔵（昭和初期：田北耕也氏撮影）

益冨捕鯨とかくれキリシタン信仰を伝える

平戸市生月町博物館《ひらどしいきつきちょうはくぶつかん》 島の館《しまのやかた》

生月島にある資料館。捕鯨漁や潜伏キリシタンなどの資料を展示する常設展示と、企画展示室から構成される。往時の生月島では約20m近くのセミクジラを追い込み漁によって捕獲していた。網で捕らえて銛を突いて体力を奪い、最後はクジラに飛び乗って鼻孔に穴を開け、ロープを通して港まで引っ張った。またオマブリやお掛け絵などかくれキリシタン信者から寄贈を受けた資料も展示している。

長崎県平戸市生月町南免4289-1　☎0950-53-3000　開館時間／9:00～17:00　観覧料／510円
休館日／1月1･2日、臨時休館あり　アクセス／「生月大橋公園前」バス停より徒歩5分

根獅子地域の信仰を伝える

平戸市切支丹資料館《ひらどしきりしたんしりょうかん》

平戸の根獅子地区にあるキリシタンの資料館。かつては籠手田氏の所領で領民の多くはキリシタンだった。組織的に潜伏時代の信仰を守っていたが後継者がなく平成4年(1992)に解散。近くにある浜の昇天石で処刑された6人(おろくにん様)を埋葬した森の入り口に建つ。現在もこの森は聖地として敬われている。

長崎県平戸市大石脇町1502-1　☎0950-28-0176　開館時間／9:00～17:30　観覧料／200円
休館日／水曜、12月29日～1月2日　アクセス／平戸大橋より車で30分

たのである。

そもそもかくれ・潜伏キリシタンとは学者が付けた名前であり、現地の人に言わせれば、旧（ふる）キリシタンが正しいという。平戸島の北西、生月島にある島の館の職員（当時）・山下伸代さんは現在もかくれの信仰を受け継ぐ家柄だ。「自らのルーツを知りたいという思いもありました。お祈りをした薄い和紙で作った十字架でオマブリというものがあるのですが、私の家では飲む程に良いといわれて、皆で有り難がって取り合いをしていました。しかしほかの地域の人には飲むものではないと言われて（笑）。地域によって信仰の形態が異なっていることに気づきました」

土着の信仰と交ざりながら独自の信仰が受け継がれた生月島。現在人口5700人のうち、約300人が潜伏期の信仰を受け継ぐかくれキリシタン、約300

人がカトリックに復帰した人なのだという。殉教や迫害から悲劇の人々といったイメージもある潜伏キリシタン。しかし山下さんと話していると、そんな悲惨さは感じない。現在も粛々と信仰を受け継ぐありのままの姿を感じた。

平戸で大切にされた納戸信仰これからのキリシタン

次に訪れたのは根獅子《ねしこ》地区にある平戸市切支丹資料館。学芸員の浦部知之さんが案内をしてくれた。

「平戸は納戸神《なんどしん》信仰なのです。どの家にも神棚が2つあって神と仏を祀っている。もともと祖先を祀るカムフラージュだった仏壇が時を経て本物へと変わっていきました。だから唯一神教がわからないのです。カトリックに復帰しなかった人は自身の信仰と大きなズレを感じたのでしょう」

では潜伏期の信仰とはどのような形態だったのだろうか。「潜伏期は7人くらい水役と呼ばれるお祓い役がいて1日20戸くらいを回っていた。水役の辻家の隣りは宗門目付の役宅。つまり数百年間隣同士だったわけで気づかない訳が無い。村を存続させるために目をつぶっていたということです」。彼らにとって仏も神も全て大切だった。それはどちらも祖先が代々

宣教師によると平戸は聖水信心がかなり強い地域だという印象を受けたようだ。聖水はお水瓶（右写真）という鶴首の壺に納めてご神体として保管。そして洗礼や葬儀、屋払いの行事などで用いられた。
平戸市生月町博物館 島の館蔵（写真２点）

守ってきたものだからだ。潜伏キリシタンは運命共同体だった。お互いが助け合わなければ生きていけない時代だったのである。

「平成４年（１９９２）にかくれの組織は解散してしまいました。今は地域の行事を維持することも難しい」

それではこのまま信仰は消えてしまうのだろうか。

「潜伏キリシタンは殉教の苦しみをすでに乗り越えています。それよりも今をどう生きるかが大切です。信仰は声高に叫ぶものではない。意識しなくても信仰は生活のなかに生きているものなのですから」

人を助けたい、人に優しくしたいという心があればいいと話す浦部さん。始まりの地・平戸で信仰の根本を見た気がした。

コラム　聖水信心が受け継がれる生月島のお水取り

平戸地方では生月島沖にある中江ノ島で聖水を採取する「お水取り」が大切にされてきた。「サンジュワン様」と呼ばれる聖地で江戸時代初期に信者の処刑が行われた殉教の地でもある。ちなみにサンジュワンとは洗礼者ヨハネのことを指しており、それ以前からも聖水採取が行われていたとされる。

中江ノ島は平戸島の文化的景観に選定されており、平成30年の世界文化遺産に登録された構成資産「平戸島の聖地と集落」にもなっている。「一番近くて、一番遠い島です」と平戸観光協会の松瀬千秋さん。潜伏キリシタンのオラショ（祈り）にも謡われる聖地として現在も大切にされている。また平戸島の根獅子地域などでは元日早朝に集落内の湧水で聖水を汲む行事が行われる。

コラム

かくれキリシタンの末裔が語る春日集落

世界遺産候補の構成資産「平戸の聖地と集落（春日集落と安満岳）」を訪れた。ご両親がかくれキリシタンだったという寺田一男さんにお話を聞くことができた。

「祖父に連れられて正月にはオラショを謡っていました。祖父はオテンペンシャという祓いの道具を持って、病気になった人がいればお祓いに出かけました。納戸には神棚がふたつあって開けてはいけないと言われていました。家を新築する際に下ろしてみたら中にはロザリオが入っていたのです。キリシタンの組織はなくなっても、今でも朝起きたら仏様にお祈りをして、神棚にも祈る。その信仰心は変わりません」。

長崎のキリシタン史

【布教期】

天文18年（１５４９）	フランシスコ・ザビエル鹿児島上陸、キリスト教布教の伝来
天文19年（１５５０）	ポルトガル船平戸入港
永禄５年（１５６２）	トーレス神父、大村純忠と横瀬浦開港協定を結ぶ
永禄６年（１５６３）	大村純忠受洗、日本最初のキリシタン大名生まれる
永禄10年（１５６７）	長崎におけるキリシタン布教開始
天正15年（１５８７）	大村純忠死去。豊臣秀吉、宣教師追放令（バテレン追放令）を発布
慶長２年（１５９７）	２月５日、日本二十六聖人、西坂の丘で殉教
慶長８年（１６０３）	江戸幕府開かる
慶長11年（１６０６）	棄教した大村丹後守喜前公は宣教師を追放
慶長15年（１６１０）	日本人伝道士バスチャンによる外海地方の布教。晩年捕われて斬首される
慶長17年（１６１２）	幕府直轄領に禁教令。大村藩郷村四十八ヶ村成立

【迫害・殉教期】

慶長19年（１６１４）	江戸幕府の全国的禁教令の発布。高山右近、宣教師らの国外追放
元和８年（１６２２）	五人組制度制定
寛永４年（１６２７）	長崎から棄教しないキリシタンを全て追放。出ない者は家を釘付けにして餓死させた

寛永５年（１６２８）	長崎地方で踏絵が始まる
寛永９年（１６３２）	西彼杵半島全域に迫害起こる。金鍔次兵衛に対する山狩り
【潜伏期】	
寛永12年（１６３５）	往来手形（旅行免状）制定、宗門改めが行われる
寛永13年（１６３６）	西彼杵半島に小番所が設けられて、外国船の監視及びキリシタンの動きを厳しく見張る
寛永14年（１６３７）	島原・天草一揆
明暦３年（１６５７）	大村郡崩れ起こる。キリシタン６０８人が捕らえられ、４１１人が殉教
天保８年（１８３７）	外海キリシタンが他藩へ逃散
元治元年（１８６４）	長崎に大浦天主堂完成。翌年２月19日に献堂式
【復活期】	
慶応元年（１８６５）	３月17日、大浦天主堂で信徒発見。日本カトリック教会の復活。出津キリシタン復活
慶応３年（１８６７）	黒崎キリシタン復活。浦上四番崩れ
明治元年（１８６８）	明治政府による浦上キリシタン処分。上黒崎のガスパル大村牢に捕われる
明治３年（１８７０）	浦上キリシタン３０００余名が20藩に配流される
明治６年（１８７３）	キリシタン禁制の高札を撤廃。キリシタン弾圧が停止される
明治８年（１８７５）	ド・ロ神父、長崎大浦にラテン神学校建築
明治12年（１８７９）	ド・ロ神父、外海地区（三重、黒崎、出津、神浦、瀬戸）担当
明治15年（１８８２）	ド・ロ神父が出津教会を建設

キリシタン大名が多数参戦した関ヶ原の戦いとキリスト教

数万人ものキリシタンを領地で養っていた小西行長《こにしゆきなが》

江戸時代が到来するきっかけとなった「関ヶ原の戦い」（1600年）。これは天下人・豊臣秀吉の死後、次世代の担い手と目されていた徳川家康（東軍）と、それに反旗を翻して挙兵した毛利輝元《てるもと》や石田三成（西軍）との争いであり、それぞれに味方した勢力同士による、文字通り天下分け目の戦いだった。

そして、この合戦には東西両軍に分かれる形で、キリシタン大名も数多く参加していた。彼らの働きや戦いの結果次第で、布教活動に影響が出ることは必至であり、まだ日本にいた宣教師や信者らも戦々恐々としていたはずである。

「当時、日本にはイエズス会の司祭・修士合わせて109人あり。（中略）肥後の宇土《うと》の大駐在所に、いくつかの伝道所が付属し5人の司祭と7人の修士がいた。既に1万人の信者がいたが、更に1万7千人の新受洗者ができた」（フランスのキリスト教研

大名の存亡にも関わったキリスト教の広まり

1549年に鹿児島へ来航したイエズス会の宣教師フランシスコ・ザビエルは、まず九州各地の戦国大名たちに面会し、領内での布教の許可を求めた。大友宗麟・大村純忠・有馬晴信などがその代表格である。特に大友宗麟は熱狂的信者となったため、神道や仏教を信仰する家臣らとの対立を巻き起こし、大友氏衰退の原因を招いている。

究者レオン・パジェスの記録）

その肥後の宇土を治めていたのが、西軍に与した小西行長だ。肥後（熊本県）南部を治めるキリシタン大名であり、「アウグスティヌス」という洗礼名を持っていた。彼の両親や妻もキリシタンであったほか、その領内にあった天草は人口3万人のうち3分の2が信者だった。行長自身も熱心な信者であり、領内のキリシタンを手厚く保護していたのだ。

それに対し、肥後北部を治める加藤清正は大名で、日蓮宗の熱心な信者だった。「南無妙法蓮華経」と書いた旗印を用いるほどであり、キリスト教は好まなかった。行長とは不仲であったこともあり、清正は東軍に加勢した。この両者は領地を接していたため、勝ったほうがその後の肥後を治めることになる。肥後領内のキリシタン・日蓮宗の信者の命運は、「関ヶ原の戦い」にかかっていた。

細川ガラシャの死と岐阜城の陥落

さて、「関ヶ原の戦い」といえば、大規模な兵力による激突であったにも関わらず、わずか半日で決着がついたことでも知られている。だが、それは主戦場の関ヶ原で激突した9月15日の本戦に限ったことであり、実際はそれ以前から両軍は移動を続けつつ、情報戦や裏工作を盛んに行っていた。東北から九州までを舞台にした長期大決戦だったのだ。

石田三成や小西行長ら西軍が大坂で挙兵したのは、関ヶ原決戦の2カ月前。7月17日のことであった。この時、西軍は大坂にいる各大名家の屋敷から、大名たちの妻子を人質にとった。そうすることで徳川方（東軍）についた諸大名を味方に引き入れようとしたのである。西軍の手勢は、細川忠興の妻・珠《たま》（洗礼名ガラシャ）が住む屋敷へ迫った。ガラシャは人質になることを拒んだ。人質に取られれば、どんな辱めを受けるかわからないし、東軍についた夫の足を引っ張ることは確実である。

関ヶ原の戦いに参戦した戦国大名たち

東軍	近江大津城主	京極高次	きょうごくたかつぐ	▶大津城防衛
	三河岡崎城主	田中吉政	たなかよしまさ	▶関ヶ原参戦
	伊賀上野城主	筒井定次	つついさだつぐ	▶関ヶ原参戦
	豊前中津城主	黒田長政	くろだながまさ	▶関ヶ原参戦
	豊前中津城	黒田孝高	くろだよしたか	▶大友義統軍と交戦
	下野宇都宮城主	浦生秀行	がもうひでゆき	▶宇都宮防衛
	田辺城	細川忠隆	ほそかわただたか	▶関ヶ原参戦
	陸奥弘前城主	津軽為信	つがるためのぶ	▶大垣城攻撃?
	肥前唐津の城主	寺沢広高	てらさわひろたか	▶関ヶ原参戦
	日向飫肥城主	伊東祐岳	いとうすけたか	▶島津氏と交戦
	肥前有馬城主	有馬晴信	ありまはるのぶ	▶本国防衛
中立	丹波篠山城主	前田玄以	まえだげんい	▶子の秀似は西軍
	肥前大村城主	大村喜前	おおむらよしあき	▶本国防衛
	若狭小浜城主	木下勝俊	きのしたかつとし	▶京都隠棲
	五島列島領主	五島玄雅	ごとうはるまさ	▶本国防衛
西軍	美濃岐阜城主	織田秀信	おだひでのぶ	▶信長の孫。岐阜城守備
	肥後宇土城主	小西行長	こにしゆきなが	▶関ヶ原参戦
	丹波福知山城主	小野木重勝	おのぎしげかつ	▶丹後田辺城攻撃
	筑後久留米城主	毛利秀包	もうりひでかね	▶近江大津城攻撃
	筑後山下城主	筑紫広門	ちくしひろかど	▶近江大津城攻撃
	対馬列島領主	宗義智	そうよしとし	▶家臣が伏見城・大津城攻撃
	阿波徳島城主	蜂須賀家政	はちすかいえまさ	▶子の至鎮を東軍に派遣
	豊後佐伯領主	毛利高政	もうりたかまさ	▶丹後田辺城攻撃
	元府内領主	大友義統	おおともよしむね	▶九州豊後で東軍と戦う

※『日本基督教史』をもとに列記

関ヶ原東西両軍配置図

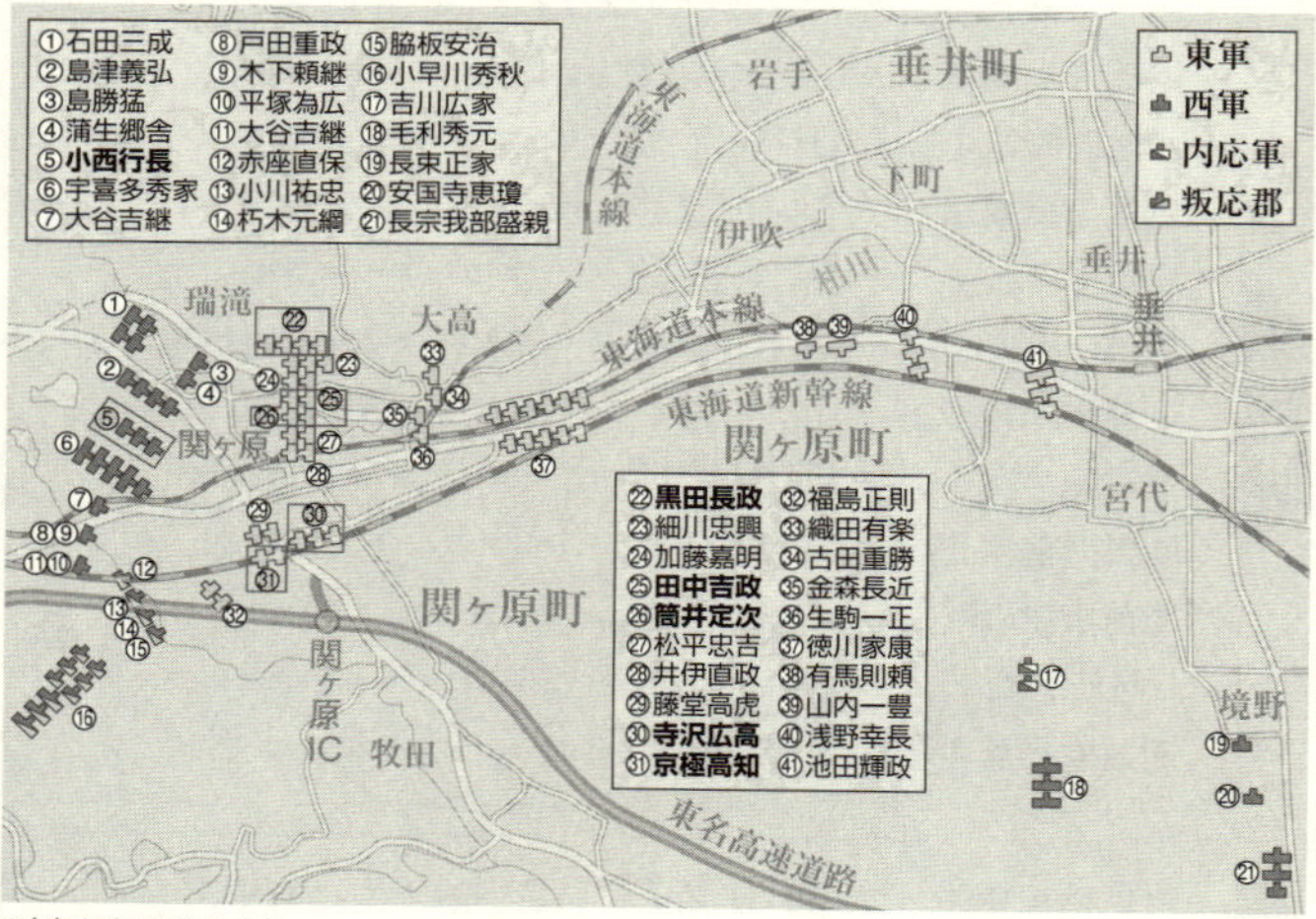

※太字・カコミはキリシタン大名

そこでガラシャは侍女らを逃がし、自分の身を刀で刺すよう家臣に命じた。キリシタンは信仰上、自害ができないためである。家臣は命令に従った後、火を放って屋敷をガラシャの遺体ごと焼いた。この壮絶な死は西軍諸将を狼狽させ、人質作戦を頓挫させたといい、逆に東軍諸将に闘志を植え付けたとも伝わっている。

それから約1カ月後の8月22日、西軍との激突を期して西へ向かう東軍は、その途中にある岐阜城を包囲した。これを守っていたのが、美濃13万石の城主で、西軍につい

加藤清正との争いに敗れる

小西行長

こにしゆきなが

?年～慶長5年(1600)
洗礼名アグスチノ。豊臣秀吉に重用され文禄・慶長の役に参加。関ヶ原の戦いで敗北を喫した後、石田三成と共に京都の六条河原で処刑された。

熊本県宇土城跡の像

信仰を貫き、自ら死を選ぶ

細川ガラシャ

ほそかわがらしゃ

永禄6年(1563)～慶長5年(1600)
ガラシャは洗礼名で、本名は珠(たま)。明智光秀の娘であったが、父の死後に細川忠興の妻となる。関ヶ原の前に家臣に自らを刺殺させたが、自害したとの説もある。

落合芳幾「太平記捨遺」より

大友氏再興を夢見るも叶わず

大友義統

おおともよしむね

永禄元年(1558)～慶長15年(1610)
洗礼名コンスタンチノ。大友宗麟の嫡男。大友家再興を図り、西軍に味方して九州で黒田孝高軍と戦うが、敗れた。戦後、常陸国宍戸に流罪となり余生を過ごした。

落合芳幾「太平記捨遺」より

た織田秀信である。秀信は、あの織田信長の孫（信長の長男の子）にして、ペトロという洗礼名を持つキリシタンでもあった。西軍にとって岐阜城は西への防衛の要である。信長の孫である秀信への期待は大きかった。

しかし、岐阜城を囲む東軍は予想以上の大軍になった。主力の福島正則や池田輝政に加え、山内一豊《かつとよ》・有馬豊氏・藤堂高虎《とうどうたかとら》、黒田長政といった戦上手の武将たちが次々と包囲に加わり、翌8月23日には本丸を残し、全ての曲輪《くるわ》が攻め落とされた。観念した秀信は家臣に自分の命を絶つよう命じたが、家臣たちはそれに応じないため、秀信はやむなく東軍に降伏する。三成や行長は拠点の大垣城から援軍を出したが、その到着前に岐阜城が落ちたと聞き、愕然となった。完全に想定外の事態に戦略の見直しを迫られたのである。

さらに西軍の目算を狂わせたのは、9月に入り、近江・大津城の京極高次《きょうごくたかつぐ》が西軍を裏切り、東軍に加担したことだった。この高次もまた、キリシタン大名である。高次は攻め寄せてきた西軍1万5千の大軍を迎え、粘り強く籠城を続け、関ヶ原本戦の9月15日まで持ちこたえた。この高次の粘りは、本戦の結果にも大きな影響を与えた。岐阜城を1日で落とされた織田秀信とは好対照な籠城戦であったが、いずれにしても

岐阜城に立て籠もるも守り切れず

織田秀信

おだひでのぶ

天正8年（1580）～慶長10年（1605）
織田信長の孫。幼名は三法師。祖父の信長と父が本能寺で死ぬと3歳で家督を継ぐも、秀吉に実権を奪われ岐阜13万石に甘んじた。関ヶ原後は出家して高野山に住む。

東北のキリシタン大名

津軽為信

つがるためのぶ

天文19年（1550）～慶長12年（1608）
陸奥（青森）弘前城主。西洋の文物に興味を持ち、上洛の際にキリシタンの洗礼を受け、2人の息子や甥も信者にした。関ヶ原では東軍に与し、本領を安堵された。

関ヶ原で無類の功績を挙げた

黒田長政

くろだながまさ

永禄11年（1568）～元和9年（1623）
洗礼名ダミアン。関ヶ原では小早川秀秋らに寝返り工作を行い、戦場でも石田三成勢と激戦。筑前（福岡）52万石を得る。密かにキリスト信仰を続けたとの逸話もある。

国立国会図書館蔵

キリシタン大名の奮戦が奇しくも関ヶ原の勝敗に大きく影響したのである。

関ヶ原本戦でも見られたキリシタン同士の衝突

さて、9月15日の決戦当日、主戦場の関ヶ原では、小西行長が4000の軍勢を率いて西軍主力として参戦。東軍の田中吉政、筒井定次らの部隊と交戦して奮戦する。これも奇遇なことだが、田中も筒井もキリシタン大名であり、まさにキリシタン大名による直接対決だった。行長は奮戦を見せたが、ほどなく小早川秀秋らの裏切りによって西軍は前方と横の二方面から攻撃を受けて壊滅。戦いは東軍の勝利に終わった。

行長は背後の伊吹山中へと逃れ、庄屋の家に匿われるが、隠れ切るのは困難と知り、やがて自ら出頭した。そして10月1日、石田三成・安国寺恵瓊《あんこくじえけい》と共に京都・六条河原の刑場に引き出された。行長はキリストとマリアのイコン（聖像）を静かに頭上に三度掲げ、首を斬られたという。時に38歳。死に臨み、告解《こくかい》の秘蹟《ひせき》を同じキリシタン大名の黒田長政に依頼したが、家康への遠慮もあって長政はそれを断った。その死は西洋にも伝わり、7年後にはイタリアのジェノバで行長を主人公とする音楽劇が作られたという。

「関ヶ原」の後、行長の領地を併合する形で治めたのは、やはり加藤清正であった。清正は主戦場の関ヶ原には参戦しなかったが、九州における東軍主力として活躍し、行長の城を攻めた。その功績から肥後全体にあたる52万石の大名となったのである。清正は当然ながら、肥後キリシタンたちに日蓮宗への改宗を命じ、従わない者に対しては容赦ない弾圧を加えた。多くは改宗を受け入れたが、拒んで殉教した者も少なくなかった。また、死んだ小西行長の旧臣たちや、それを慕う領民たちは密かに信仰を続け、彼らの一部が後の「島原の乱」（Ｐ88～91）に参加し、幕府に激しい抵抗を示したのだ。

勝者となった徳川家康はキリシタンに対して当初は寛容であったため、その後もキリスト教信者は増えていった。だが時代が下るにつれ、キリシタン勢力は幕府と対立を深め、家康も徹底した禁教令へと舵を切る。残ったキリシタン大名らもそれに合わせるかのように棄教し、領民にも改宗を強いるようになっていった。

もし、「関ヶ原」で西軍が勝利し、家康が倒れていたら、その後の日本のキリシタンの行く末や日本の歩みも、まったく異なるものとなったはずで、今とは違う形の日本が作られていたのではないだろうか。

ローマへ派遣された「天正遣欧少年使節」帰国後の数奇な運命とは？

伊東マンショ ［慶長17年（1612）没］

使節のリーダーを務め若くして世を去る

本名は祐益。永禄12年（1569）頃、日向伊東氏の家臣・伊東祐青の子として、日向国都於郡《とのこおり》（今の宮崎県西都市）に生まれる。8歳の頃、戦乱を逃れて豊後《ぶんご》へ逃げ落ち、キリスト教徒となる。5年後、巡察師として日本を訪れていた宣教師ヴァリニャーノの発案により、日本人司祭育成のため、他3名とローマへの派遣が決まった。マンショは大友氏の名代となり、一行の主席にも選ばれた。一行は皆13～14歳だったという。

日本を経って3年後の1585年2月にローマ教皇に謁見が叶った。一旦帰国の後、マカオの教会で学び、司祭となる。再度帰国した後は九州小倉を拠点に布教活動

ドイツで印刷された天正遣欧使節の肖像画

少年達の絵は、1586年にドイツのアウグスブルグで印刷されたもの。「日本島からのニュース」と題され、4人の少年のほか、引率者であるメスキータ神父が描かれている。

京都大学附属図書館蔵／天正遣欧使節団肖像画

を行うが、新領主となった細川忠興に追放され、長崎へ逃れた。しかし、1年後の1612年に志半ばで病死した。

原マルティノ［寛永6年（1629）没］

晩年はマカオに住み現地に骨を埋める

４人の少年使節のなかでは最年少と伝わるが生年は不明。父は肥前大村の名士で、両親共にキリシタンだった。４人が８年に及ぶヨーロッパへの旅から戻ったのは天正18年（１５９０）、ちょうど豊臣秀吉が天下を統一した年だった。京都の聚楽第《じゅらくてい》で西洋音楽を披露した後、秀吉に気に入られて仕官を勧められたが、４人共辞退する。

１６０１年、原は伊東や中浦と共にマカオで勉強に励み、特に原はラテン語を得意としたことから、当時の日本人司祭のなかでは最も有名な存在となった。１６１４年、キリシタン追放令が出たことでマカオへ移住。そこで布教活動や日本語書籍の出版に従事したが、帰国が叶わないまま同地で死去。師のヴァリニャーノと共に、マカオ大聖堂の地下に葬られた。満60歳であったという。

中浦ジュリアン［寛永10年（1633）没］

最後まで信仰を捨てず穴吊りの刑で絶命

肥前国中浦の領主で、大村純忠の家臣だった中浦甚五郎の子。生まれて間もなく父を戦争で亡くし、有馬のセミナリヨ（神学校）に入ってキリスト教に入信した。その後、遣欧使節の一員となる。宣教師ヴァリニャーノが少年らを使節に選んだ理由は、洗脳が容易であること、体力があり、長く布教活動ができる見込みがあったからだった。

少年らはローマ教皇とスペイン・ポルトガル両王に日本宣教のための援助を依頼するという目的のほかに、帰国後は欧州での体験談、教皇やキリスト教の偉大さを日本人に説くという役目を期待されてもいた。帰国後、中浦は伊東や原と共に司祭として活動。最も長く活動していたが、寛永9年（1632）ついに幕府に捕縛され、穴吊りの刑に処せられて殉教した。65歳だったという。

千々石ミゲル
［寛永10年（1633）没］

イエズス会の野心を知り信仰を棄て去った

肥前・釜蓋城の城主であった千々石直員《ちぢわなおかず》の子。幼くして合戦で父を失い、伯父の大村純忠のもとで育つ。千々石は、4人の使節のなかで唯一キリスト教の信仰を捨てた人物である。帰国後の文禄2年（1593）、天草にあった修練院に入るが他の3名とは道を違え、マカオには赴かなかった。

そして1601年、キリスト教の棄教を宣言し、イエズス会から除名処分を受けた。棄教の理由として、千々石は欧州で「キリスト教徒以外は人間ではない」という考えや、そのためには奴隷制度や植民地支配も厭わぬ価値観があることを知ったからと推定されている。棄教後、千々石清左衛門という日本名に戻り、大村藩に仕えて600石の領主となる。晩年は藩主に棄教を勧めるなど、反キリシタンとして活動を続けた。

明治維新後のキリスト教と眠りから覚めた日本人

明治政府の苛烈な政策が諸外国から非難される

徳川政権が崩壊し、江戸時代が終焉して明治新政府が立っても、禁教令は解かれなかった。潜伏を終えて教会へ入った浦上のキリシタンに対しても明治政府は厳しい姿勢で臨み、棄教を迫ったが、受け入れられないと見るや信徒らを流刑に処した。そして流刑先で磔《はりつけ》や水責めを行い、初期の江戸幕府と同様、もしくはそれ以上の迫害を行うのである。

この明治政府の姿勢には、開国後のキリスト教の急速な広まりが背景にあった。天皇を神格化し、神道を中心に据えて国を治めようとした明治政府にとって、神社や天皇に敬意を示さないキリスト教徒の存在は厄介だった。徳川幕府を倒した明治政府が、キリスト教に関しては幕府と同様の政策を継承したのである。

それに対して抗議を行ったのは、イギリス公使のハリー・パークスであった。折り

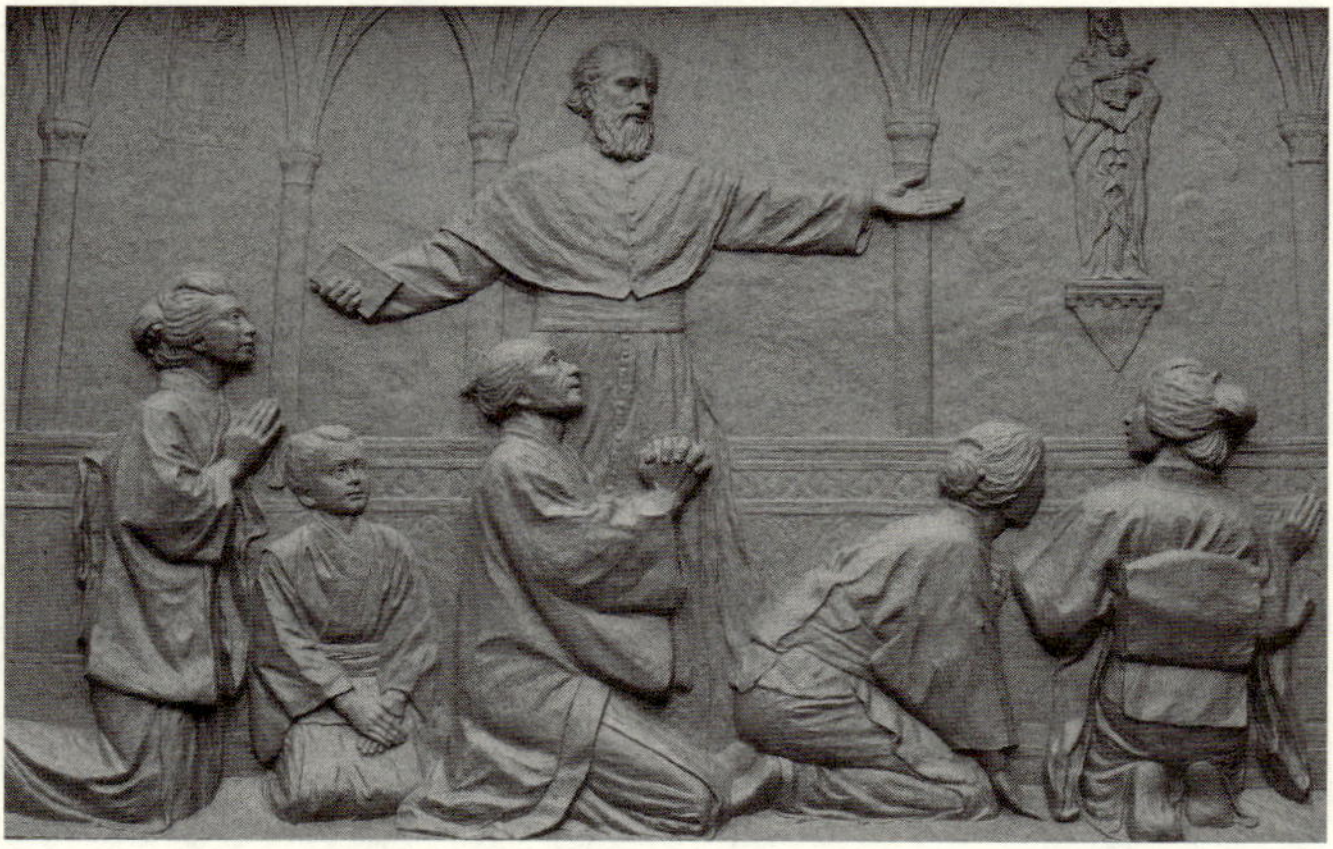

大浦天主堂の敷地内にある信徒発見のレリーフ。1865年に潜伏キリシタンが発見されたが、彼らの受難はまだしばらく続いた。撮影◎上永哲矢

しも、パークスは日本側に対して日本でのキリスト教自由化・外国人の内地旅行自由化を求めて交渉中だった。これを受け、キリスト教を信奉する諸外国、フランス、アメリカ、ドイツも同調して抗議文を出すに至り、明治政府は激しい批判にさらされたのである。

こうした日本国内の問題は、明治4年（1871）からヨーロッパ視察に出ていた岩倉使節団の活動にも大きな影響を与えた。

岩倉たちの洋行の主目的は、欧米先進国の国々の視察及び、以前に幕府が結んだ諸外国との不平等条約を改正することであった。

欧米の文化を目の当たりにした岩倉一行の衝撃の大きさは言うまでもない。そしてまた、キリスト教をはじめとする宗教の捉え方が、日本と欧米とではまるで違うことに、彼らは改めて気付かされ、驚きをもって受け止めたのである。

欧米での岩倉らは、かつての天正遣欧使節団とは真逆に「日本政府は、キリスト教徒の迫害を中止せよ」といった抗議の声との戦いになった。

欧米諸国にとって当時の日本はキリスト教徒を迫害する「野蛮な国」であり、そんな国を信用するわけにはいかない。まして条約改正の交渉など、到底受け入れられないとの主張だったのであろう。

岩倉や伊藤博文らの訴えにより、明治政府は明治6年（1873）にキリスト教禁止令を解かざるを得なくなった。だが、不平等条約の改正が実現したのは明治44年（1911）のことだった。欧米諸国の疑念を晴らすのに40年近くもかかったことは、明治政府にとっては想定外であったはずである。

そのような形で、信仰の問題は以後も長く尾を引いたが、開国後の日本は欧米諸国から様々な分野の専門家を招き、近代化を図ろうとした。

聖書の和訳に取り組んだヘボンの努力と執念

アメリカ人プロテスタントの宣教師であった、ジェームズ・ヘボンもそのひとりだ。彼は日本開国のきっかけを作ったペリーの報告書を読んで日本に興味を持ち、妻を連れて安政6年（1859）に来日。医学に通じていたヘボンは、横浜で医療活動に従事しながら、日本におけるキリスト教の広まりに尽力しようと、まずは日本語の猛勉強に励んだ。

彼は自身の勉強も兼ね、7年もかけて英語で書かれた日本語辞典（和英辞典）『和英語林集成』を完成させる。これは横浜とロンドンで出版されたが、日本語の習得に苦労していた大勢の外国人に喜ばれ、大ベストセラーとなった。

続いてヘボンが取り組んだのは、『聖書』の日本語訳だった。当時の日本には漢文で翻訳された聖書はあっても、日本語訳は部分的にしか存在せず、これでは到底キリスト教の布教はおぼつかないと判断したのだ。

だが、日本人が考える「神」と、キリスト教徒が考える「神」は異なるものであり、「GOD」を単に「神」と訳したのでは意味が通らない。翻訳は困難を極めたうえ、しかもキリスト教禁制下なので命がけであった。それでも大勢の同志と共に作業を進め、開始から8年後の明治13年（1880）頃、旧約聖書の和訳が完成する。これが日本における布教活動に役立ったのである。

彼はヘボン式ローマ字の普及や、横浜における近代医学を創始したほか、東京で明治学院（現・明治学院高等学校・明治学院大学）を創設するなど、日本の教育制度に大いに貢献した。またヘボンは幕末当時に横浜居留地の宣教師館で「ヘボン塾」を開講していた。当時の門下生には後に日銀総裁となる高橋是清《これきよ》、三井物産の創設者・益田孝、東京大学初の医学博士・三宅秀《ひいず》などがおり、日本の近代化に貢献した人物を数多く輩出している。

キリスト教と深く関わった勝海舟の知られざる晩年

勝海舟《かつかいしゅう》も、実はキリスト教と深く関わった日本人のひとりだ。彼は若き頃、長崎に開かれた海軍伝習所に入所したが、そこで出会ったのがオランダの海軍軍人でクリスチャンでもある、カッティンディーケだった。

教官として招かれたカッティンディーケは第一次伝習生であった海舟や榎本武揚《えのもとたけあき》らに近代海軍の軍事教育を行い、第二次伝習では彼らが助手的な役割を担った。海舟はオランダ語に通じていたことから、彼の最も身近な弟子として多くを学んだが、日曜日ごとに礼拝をするカッテンディーケの生活を目にし、キリスト教に関心を持ったという。

明治4年（1871）には「耶蘇《やそ》教黙許意見」（キリスト教を黙認する意見書）を政府に提出するなど、キリスト教擁護の立場をとっている。

晩年には三男・梅太郎が、アメリカ人クリスチャンのクララ・ホイットニーと国際結婚し、一男四女をもうけた。海舟は東京の自邸を「耶蘇教講義所」として開放するなどして理解を示した。クララは日記の中に「勝さんは厳寒の大晦日、粗末な着物に身をやつし、人力車も伴も連れずに貧困に打ちのめされた徳川旧藩士の家を歩きまわって、『餅代』を置いてきたという」と記すなど、海舟の人柄に感心していた様子が伺える。

西郷隆盛や坂本龍馬といった偉人たちに多大な影響を与え、江戸無血開城という平和主義をとった勝海舟の行動は、キリストの教えあってのことかもしれない。日本は今なお「政教分離」の方針が根強いが、その近代化において、キリスト教との関わりは非常に大きかったのである。

コラム

坂本龍馬に助けられた剣豪が日本人初の司祭に

土佐出身の武士・沢辺琢磨《さわべたくま》（旧姓・山本）は江戸の剣術道場で師範代を務めていたが、ある罪から窮地に追い込まれる。同郷の坂本龍馬らの助けを借りて箱館（現・函館）へ逃れ、剣術道場を開いて定住。やがてロシア正教会のニコライ神父と会う。初めは日本侵略の密偵と見て殺害を企てていたが、ニコライ神父と話すうち正教会の教えに感銘を受けて信者となり、明治８年（１８７５）には日本人初の司祭となった。その後、ニコライ堂（東京千代田区）の建設に尽力。大正２年（１９１３）に75歳で没した。

第三章　現代における日本のキリスト教

信者でなくても参加できるはじめてのミサ【礼拝】

昼休みに足を運ぶ近隣の会社員も多数

ＪＲ「四ツ谷駅」のすぐそばに建つ、聖イグナチオ教会。円形の主聖堂内は祭壇を取り巻く約７００の座席があり、大きな天井窓からは陽光が優しく差し込んでくる。「主《しゅ》のみ使いのお告げを受けて。アヴェ、マリア、恵みに満ちた方、主はあなたと共におられます。あなたは女のうちで祝福され、ご胎内《たいない》の御子《おんこ》イエスも祝福されていま す。神の母聖マリア、私たちのために祈ってください」（後略）

アナウンスに合わせ、参加者たちが「お告げの祈り」を復唱。それが終わると、鐘の音が鳴ってミサの始まりを告げる。この空間では、たとえキリスト教徒でなくとも穏やかな気持ちになり、司祭が話す言葉にも、じっと耳を傾けたくなってくる。

初参加のミサは、平日の昼12時からの回。参加者は１００人程だろうか。夜や土日は当然もっと大勢の人が来るという。途中からの参加者も多い。昼休みを利用して参

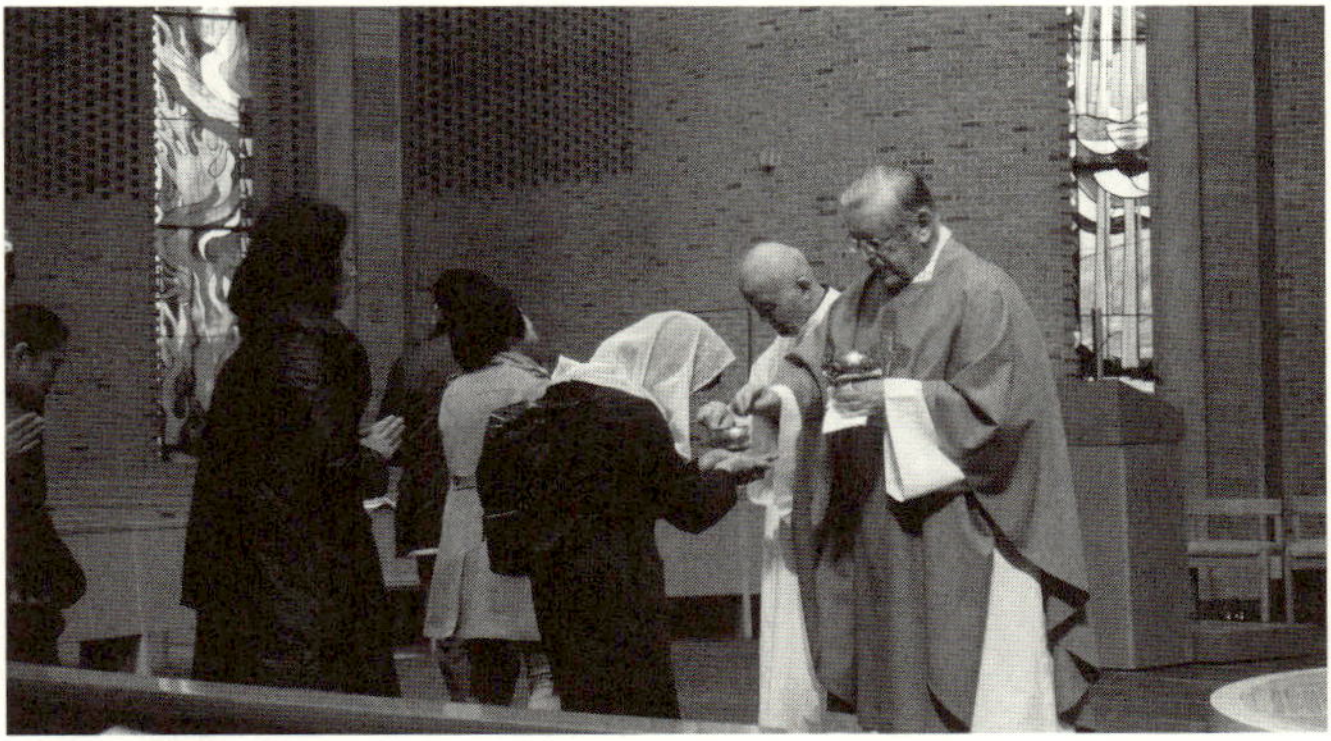

聖体拝領。信徒たちが司祭の前に列をなして、平たいパン「ホスチア」を受け取る様子。

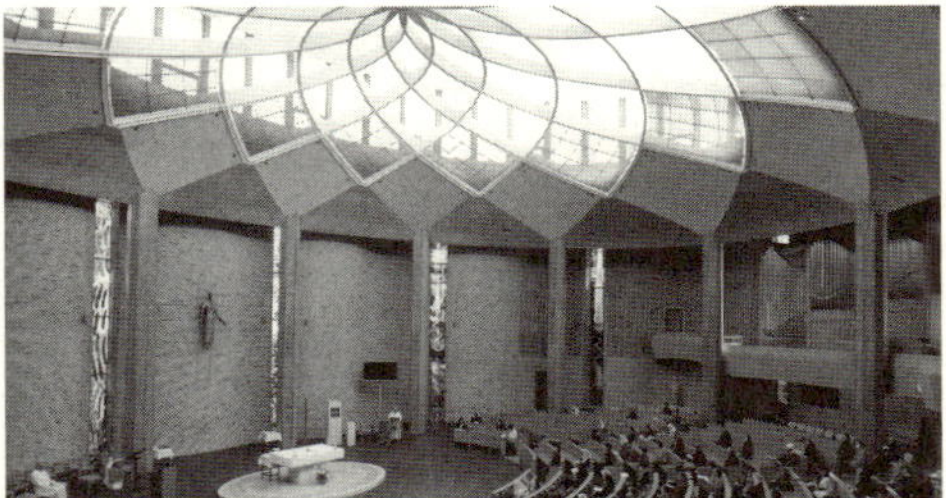

上智大学の四谷キャンパスに隣接する教会。イエズス会が運営している。上はミサが行われる主聖堂。

聖イグナチオ教会

東京都千代田区麹町6-5-1
☎03-3263-4584
〈ミサの時間〉平日 7:00/12:00/18:00
土曜 18:00　日曜 7:00/8:30/10:00/18:00
詳しくは ignatius.gr.jp/

ミサ以外の教会の主な役割

聖堂の一角にある小さな告解室。ここでは自分の犯した罪や過ちを聖職者に告白し、神から許しと和解を得る。カトリック教会では「ゆるしの秘跡」や「告解」、プロテスタント教会では「罪の告白」とも呼ばれる。そして結婚式はもちろん、その前の心構えを解くグループ制の講義も行われる。成人式や七五三、正月のお祝いなどあらゆる日本の行事が行われる。

加していると思われる近所の会社勤めらしい人の姿も多く見られた。

ヴェールを被っている女性も2~3割ほど見られたが、大半の人は何も被らず、そのまま普段着で参加していた。脱帽すること、露出の多い服装は避けることなど、常識的な範囲であれば、特に服装の制限はないようだ。

旧約聖書に含めている書物のうちのひとつ『シラ書』より「すべての知恵は、主から来る。主と共に永遠に存在する~」という一節が読み上げられ、同じく復唱の後は、新約聖書のなかの『マルコによる福音書』の一節が紹介された。汚れた霊に取りつかれた子どもを癒すキリストの姿を読み上げ、

ミサとはどんなものだろうか？

ミサの流れを簡単に把握しよう

カトリック教会のミサは信仰に関心のある人であれば無料で参加可能。予約も必要ない。聖書も用意があるため持参の必要はない。わからないことは周りにいる参加者に声をかけると親切に教えてくれる。※カトリック教会のミサはどこの教会でも流れは同じ。

1 入祭

司祭が入堂し、祭壇につく。入祭の歌、あるいは入祭唱を唱える。そして初めの祈りを唱える。可能であれば開祭10分前には入場して司祭の入堂を待ちたい。

↓

2 ことばの典礼

聖書および使徒の書簡（パウロの手紙）などの一節が朗読される。司祭による先唱の後、参加者の復唱が交互に繰り返される。続いて司祭による説教がある。

↓

3 感謝の典礼

パン（ホスチア）、ぶどう酒、水が祭壇へ奉納される。続いて捧げられる祈りと賛歌によって、パンとぶどう酒がキリストの体（聖体）と血に変わると見なされる。

↓

4 交わりの儀

司祭が聖体を食べ、御血を飲む。続いて聖体が信者に配られる。神と人との交わりを意味し、参加者が同じ聖体を受けることが重要な、ミサの主体である。

↓

5 閉祭

司祭と会衆との間に交わされる「最後の交唱」でミサは終了・閉会となる。お知らせの連絡が行なわれたり、「閉祭の歌」として聖歌が歌われることがある。

「私たちに会う人たちが少しでも癒され、少しでも生きる喜びを感じることができますよう」と司祭は結んだ。日によって読まれる聖書の箇所は異なるようだ。

ミサの最中、このように司祭による聖書の読み上げ、参列者による復唱が続く。また「立ちましょう」「座ってください」という合図のもと、その動作が交互に繰り返される。

司祭が朗読する聖書の言葉や説教を聞く際は座って黙想し、立つ際は心と声を合わせて復唱する。それぞれの動作にも意味があるのだ。

そして、メインの儀式といえる「交わりの儀」の聖体拝領。聖体とは、ぶどう酒、パン（ホスチア）のことで、キリストの血と体を意味するものである。司祭がそれを配布し始めると信者らが列をなし、ビスケット状のホスチアを受け取る。ただし、洗礼を受けていない一般参加者は受け取ることができない。その代わり、並ぶことで祝福を受けられる。

ミサの所要時間は約30分。会社員の人が昼休みに参加できるよう配慮されてもいるのだろう。初めてのミサは、こうして恙《つつが》なく終了を迎えた。神聖な空気に包まれ、午後からの仕事も頑張ろうという気になった。

ガラルダ神父が語る現代の教会の役割

「昔は平日でも1日に5回、ミサを行っていました。現在は平日3回、主日の日曜は4回です。参加者は減ってしまいましたが、熱心に通ってくださる方が多いですね。もちろん、初めての方も来てくださいます。教会は全ての人に開かれた場ですので、キリスト教徒以外の方も気軽に参加していただきたいです」

そう話すのは、聖イグナチオ教会協力司祭のハビエル・ガラルダ神父。スペインのマドリード出身で、１９５８年に来日してから60年。87歳の現在も多忙な日々を過ごす。教会でのミサや説教のほか、公開講座と聖書研究会を週に3回ずつ。特に結婚講座は愛、信頼、コミュニケーションなどについて教え、共に考える内容。教会での挙式を考えるカップルに3カ月間も講座を行う。

「その他に教誨師《きょうかいし》として府中刑務所、東京拘置所にも出張し、そこでもミサや個人面談を行っています。特に拘置所での死刑囚との面談では未来や死のことについては話せないため、主に聖書の内容について話し合います。彼らは興味を持って対話してくれます。彼らから学ぶことも多いですし、私は友人に対するのと同じ姿勢で会うよう心がけています」

神の教えを分かち合いながら、人々が親交を深める場である教会。価値観が多様化し、複雑化する現代にあっても、その役割は根本的な部分において不変であるのだろう。

コラム カトリックとプロテスタントの礼拝の違い

カトリック教会で使われる「ミサ」という言葉は、プロテスタント教会では使われず、単に「礼拝」と呼ぶ。その内容は、どちらも祈りや賛美歌、聖書朗読、説教などが行なわれることに違いはない。しかし、カトリックのミサではその順序がしっかり決められているのに対し、プロテスタントでは教会ごとに異なる。プロテスタントでは特に聖書朗読や説教に重きがおかれ、礼拝の時間の相当数が割かれる。また、カトリックの聖体拝領はパンがイエスの実体であるという認識なのに対し、プロテスタントでは、聖変化という認識はなく、パンは最後の晩餐における記念としていただくという考え。カトリック教会が毎回必ず聖体拝領を行うのに対し、プロテスタント教会ではパンの配布は必須ではない。

元プロ棋士・加藤一二三さんに聞く！　キリスト教と我が人生

天才と呼ばれた棋士はなぜ洗礼を受けたのか？

現在78歳にして、最年長のプロ棋士として活躍していた加藤一二三《ひふみ》さん（元九段）。昭和29年（１９５４）に14歳で史上最年少デビュー。以来、63年もの現役生活で２５００もの対局数を誇る加藤元九段は、敬虔なキリスト（カトリック）教徒でもある。そしてその信仰は、自身の将棋人生にも大いに関係しているという。

「私が教会に通うようになったのは、プロ生活10年目を迎えた24歳の時のことです。大山康晴先生、升田幸三先生とよく対戦していたのですが、両先生には最良の手を使われて負けることが多かった。勝ち切ることができないというか、私のなかでも迷いがあったんです。両先生ともご自分の世界を築かれていることを強く感じました。私もそういう将棋が指したかったので、教会に教えを乞うことにしたのです。それで関町教会（東京都練馬区）の内山賢次郎神父に教えを受けました」

ただ、その時は洗礼を受けるところまで行かなかったという。機会が巡ってきたのは、それから数年後の昭和43年（１９６８）、十段戦で大山康晴名人（四冠）に挑戦した時のことだった。

「対局前日、『告白録』の著者として有名な聖アウグスティヌスの本を読んだんです。そこには『人の幸せは、人が絶対に到達しなければならない決勝点である』という言葉がありました。翌日に決勝を控えた私には、その『決勝点』という単語にピンと来ましてね。これは私のために与えられた文章だと思ったのです」

そうして臨んだ翌日の対局で、フルセットの接戦の末に大山四冠を破り、プロ15年目にして初タイトル獲得を果たした。その後、再び教会に通い始め、翌年の受洗に至る。

「昭和45年（１９７０）のクリスマスの日です。下井草カトリック教会のマンテガッツァー神父の洗礼を受けました。その2カ月前に神父から『そろそろ、いかがですか？』と声をかけてくださったことが決め手です。洗礼式では自然に頭が下がって『世の中の役に立つ人間になれるように』と神様に願ったものでした。当時30歳でしたが、指し盛りにも関わらず勝率が5割程度に落ち着いていました。タイトル挑戦からも遠

東京・麹町の聖イグナチオ教会にて、ハビエル・ガラルダ神父と。教会の行事にも可能な限り参加する。

ざかってしまい、行き詰まりを感じていた時期でもあったのです。そんななか、洗礼を受けたことで打開ができたといいますか、精神的にも強くなれたように思えます」

対局前に祈りを捧げて
名勝負の数々を記録

１９７０年代以降も活躍を続け、挙げた勝ち星は１３２４勝。内容的にも数々の名局を生み出し続けてきた。キリスト教徒となった後は、対局前に必ず神に祈りを捧げることも習慣になったという。

「長年にわたっていい対局を続けて

こられたのも、キリスト教のおかげだと思っています。私は、勝敗はもちろんですが将棋の内容も大切に考えているのです。将棋の場合は解説がなければわかりにくいのですが、これは音楽に例えればバッハ、モーツァルトの曲が長年にわたって人を喜ばせるのに似ていて、良い対局の棋譜は名曲と同じだと私は考えています。自分の将棋を文化遺産として残したい。そう考えて一手一手、大事に戦ってきました」

数々の名勝負を繰り広げた加藤元九段だが、特に印象深い戦いは昭和57年（1982）の中原名人との十番勝負の末、名人になったことという。

「十番戦うと、対局と対局の合間に1週間から10日ほど間が空くんです。その合間に気分転換でよく聞いたのが聖歌ですね。モーツァルトの「戴冠式ミサ」、「レクイエム」や、バッハの「マタイ受難曲」などを好んで聴きました。それ以来、対局中にも聖歌を口ずさんで気分を高揚させています。もちろん対局の妨げにならないように庭へ出たり、別の部屋へ行ったりして歌いますけどね。いい気分転換になりますよ。よく歌うのは『秘跡にこもりて』『やみじになやめる』『きよき きよき』などですね。『いばらのかむり』も歌います。この曲はイエス様の受難を歌う、バッハ作曲の讃美歌ですが、『へ茨のかむり　おしかぶされ　きびしき鞭に　肌は裂かれ　血しおながるる　主

のみすがた いたましきさま たれのためぞ』という歌詞です。イエス様が茨の冠を被せられて銅の鞭で打たれても、恨みごともなく、ひたすら耐えた結果、死に至ったことを讃えたものですが、戦いの苦しい局面に合っているんです。これまで幾度となく私を励ましてくれました」

イエスの忍耐の教えは、加藤元九段の人生にも強く影響を及ぼしたようだ。また加藤元九段は、麹町にある聖イグナチオ教会に通い、祈りを捧げる他、週に一度の割合でハビエル・ガラルダ神父（P153）をサポートし、結婚講座を行うという。

「教会での結婚は、愛に満ちた幸福な人生につながるよう神様から豊かな祝福と恵みをいただくものです。結婚を控えたカップルから愛、人生などについての相談を受け、そのサポートをしています。現在のローマ教皇・フランシスコ師は『夫婦喧嘩で皿が飛び交う事態になっても、収まった後に嵐が去ったね、と言い合うことが大切』とおっしゃっています。日本では皿が飛び交うことはありませんが（笑）、つまり、幸せな家庭生活はお互いを思いやること。そして、『いいですか』『ありがとう』『ごめんなさい』の3つが素直に言い合えることだといいます。これがお互いに言えれば喧嘩も1日で済む。我が家でもそうです（笑）。この心がけは夫婦生活だけでなく、人間として持ち続けたいですね」

40年以上の信仰により騎士団勲章も授かった

クリスチャンとなってから40年以上。その敬虔さから、昭和61年（1986）にはバチカン（ローマ教皇庁）から「聖シルベストロ教皇騎士団勲章」を贈呈された。また「パウロ」（キリスト教発展の基礎を作った宣教者の名前）という洗礼名も持っているため、親しい人からは「パウロ先生」「パウロ加藤」と呼ばれることもあるそうだ。

2017年6月に現役を引退したが、78歳の今も多方面で活躍している。

「雑誌の取材、講演の依頼、テレビやラジオ出演と、ありがたいことに色々な依頼を受けています。家族も全員カトリック教徒ですが、ここまでやってこられたのは、やはり理解のある家族の支えあってのことで、本当に感謝しています。今後のことですが、さしあたって1年後や2年後も今ぐらいの忙しさを保っていられたら幸せですね。各地で将棋指導も行いたいですし、これまでの活動をまとめた自伝も出したいと思っています。まだまだ頑張っていきますので、宜しくお願いします」

大阪北部に息づく隠れキリシタン集落

高山右近が去った後にも信仰を捨てなかった信者たち

当時を代表するキリシタン大名であった高山右近。豊臣秀吉によって「バテレン追放令」が出されても信仰を棄てず、その代わりに領地と財産を全て棄てて浪人となるなど、ストイックな信仰者であった。その後は小西行長や前田利家の庇護を受けて隠れ住むが、江戸時代になると、徳川家康による禁教令、そしてキリシタン追放令が出され（１６１４年）、再び棄教を迫られたのである。

しかし右近はそれでも信仰を棄てず、ついに国外に退去することを決意した。スペイン領であり、イエズス会のアジア拠点が置かれていたマニラへと渡り、その翌年に同地で病死した。

右近は高槻城（大阪府高槻市）の城主として活躍し、その付近一帯を治めていたが、江戸時代になるとこの地は徳川幕府の直轄地となった。

2017年2月7日
列福されたキリシタン大名

高山右近

たかやまうこん

10歳の頃、父と共に洗礼を受ける。洗礼名はジュスト。平成29年（2017年）2月、日本のカトリック中央協議会の推薦により、ローマ教皇庁から福者に認定された。

千提寺に建つ高山右近像

右近の領内にはかつて2万人近いキリシタンがおり、少数ながら棄教せずに信仰を持ち続けた人々もいた。彼らは北摂（大阪北部）の山中など、幕府の監視が行き届きにくい場所で静かに信仰を守り伝えていった。

その隠れキリシタン集落が、北摂に今なお存在する。高槻市の北西十数キロほど離れたところにある茨木市千提寺《せんだいじ》と下音羽《しもおとわ》だ。千提寺は、地名とは裏腹に同名の寺は存在しない。右近は熱烈なキリシタン信者であった一方、領内の神社仏閣を徹底的に破壊したため、元からあった千提寺も壊されてしまったのかもしれない。

キリシタン遺物史料館(所在地は茨木市大字千提寺262)は、昭和62年(1987)に完成。それまでは各民家で遺物を公開していたが、現在はここに移され、子孫の方々が案内役を務める。ただし絵画など一部の遺物は原本ではなく複製品が公開されている(火曜休館)。
撮影◎上永哲矢

あけずの櫃

キリシタンであることを隠すため、東家では信仰の道具は、この「あけずの櫃」に納めていた。代々の世継ぎにのみ存在が口伝され家族さえもこの櫃の存在は知らされなかったという。ザビエルの絵は筒状に巻かれて納まっていた。茨木市寄託

「千提寺」という地名に隠された本当の意味とは?

ただ、一方で「千提寺」という地名の「千」は十字架を、「提」は提灯のように「手にさげて持つ」という意味にも取れる。もしかすると、「千提寺」という地名は密かにキリシタン集落であることを巧みにカモフラージュした地名であるのかもしれない。そして、それを示すかのような「重大発見」が、この集落からは次々と発見されたのである。

大正8年（1919）、キリシタンの研究を行っていた地元の寺院の住職が、千提寺と下音羽の墓地を調査していたところ山林の中で、ある墓石を発見する。墓石には慶長8年（1603）の年号と、「上野マリヤ」という紛れもないキリシタンの洗礼名が刻まれていることが確認できた。この付近では他にも同様の墓石が、次々と見つかったのである。

ただ、当地に残っていた伝統から、キリシタンであることを無闇に公表すべきではないという風習が根強く、地元住民も調査を開始した当初は協力的ではなかった。しかし、住民らの間でも徐々に時代の移り変わりが認識されるようになり、集落内の民家の屋根裏や土蔵などが調査された。結果、その信仰の跡を示す遺物の数々が発見さ

紙本著色《しほんちゃしょく》マリア十五玄義図《まりあじゅうごげんぎず》（東家本《ひがしけぼん》）

縦81.9cm、横56cmの竹紙に描かれた聖母マリアとキリストの生涯。中央下の左にイエズス会の設立者イグナチウス・デ・ロヨラ、右にザビエルが描かれる。これも「あけずの櫃」に入っていた。キリシタン遺物史料館蔵れたのだ。

千提寺の集落で見つかった最も重大な発見は、東家《ひがし》に代々伝えられていた「あけずの櫃」だろう。これはその名の通り、「絶対に開けてはならない」という言いつけのもと、屋根裏の梁《はり》にくくりつけてあった。

「開けてくれるな、開けたらお縄にかかる」と、当時存命していた戸主の祖母・東イマさんが強く反対するのをなだめて開封したところ、出てきたのは絵画・彫刻・書物など数多くのキリシタン関係遺物であった。そのなかには教科書などで誰もが目にするであろう、フランシスコ・ザビエルの肖像も含まれていた。外国製と思われがちなザビエルの絵だが、実は17世紀の日本人絵師によって描かれたものだったことがうかがえる。

大正末期まで生存した最後の隠れキリシタンたち

東家の「あけずの櫃」は全部で3個あったといい、2個は発見前の明治末の火災で焼失してしまい、かろうじてひとつが残ったという。

先述した東イマさんの他、中谷ミワさん、中谷イトさんの3人の女性が当地にいた

「最後の隠れキリシタン」である。３人は仏教徒を装うために行っていた仏式の葬式の裏で、「オラショ」と呼ばれるアヴェマリアの祈祷文を唱える習慣を残していたのだ。大正15年（１９２６）にはローマ政庁より教皇使節一行が千提寺を訪れ、３人のうち最も長命していた中谷イトさんと面会を果たしたという。

中谷イトさんを最後に、当地でのキリスト教信仰は途絶え、現在はキリスト教徒はひとりもいない。しかし、この集落では今もキリシタンの遺物が大切に受け継がれ、訪れる人にその信仰の歴史を伝えている。

聖誕祭・復活祭の由来
世界と日本のクリスマス

なぜ、クリスマスは12月25日なのか？

クリスマスを英語表記すると「Ｃｈｒｉｓｔｍａｓ」だが、これはキリスト（Ｃｈｒｉｓｔ）のミサ（ｍａｓｓ）という意味がある。時に「Ｘｍａｓ」とも書くが、この「Ｘ」は、ギリシャ語の「Ｘｒｉｓｔｏｓ」（キリスト）の頭文字であり、「Ｘ」の一文字でキリストを表現していることになる。

つまり、クリスマスとは約２０００年前にイエス・キリストがこの世に現れたことを祝い、ミサ（礼拝）を行う日のことである。

ただし、キリストの正確な誕生日は聖書にも記されておらず、よくわかっていない。祝う風習も元からあったわけではなく、没後３００年ほど経ってから始まった。

なぜ12月25日になったのかも諸説あって定説を見ないが、西暦３３６年の、ローマの行事を記した史料『フィロカリアンカレンダー』に「12月25日、キリストはユダヤ

聖イグナチオ教会(東京都千代田区)のクリスマスミサ。賛美歌が聖歌隊やパイプオルガンで奏でられ、荘厳な雰囲気に包まれる。写真提供◎聖イグナチオ教会

のベツレヘムでお生まれになった」とある。ローマでは太陽神崇拝の影響から、冬至の祭を12月25日に祝う習慣があった。冬至から日が長くなるため、この日が「太陽の誕生日」とされており、ローマ皇帝がこの日をキリスト教の誕生日と定めたという。

このように誕生日がはっきりしていないこともあって、教会でのクリスマスは「降誕祭」(降りてきた日)と呼ばれるのが一般的だ。

国や地方によっても異なるが、ヨーロッパでは11月末からクリスマスシーズンに突入し、4週間も前から

大正3年（1914）、日本の児童向け雑誌『子供之友』に描かれたサンタクロース。こうしたビジュアルに日本の子どもたちも惹かれていった。

当日を心待ちにする人が多い。この時期は「アドヴェント（待降節）」と呼ばれ、町中でイルミネーションやクリスマスマーケットが始まる。木組みのおもちゃ、食べ物や小物を売る屋台がところ狭しと並ぶ。

特にドイツでは24、25、26日は、日本の三が日に相当するほど大切な日とされ、親戚宅へ挨拶に行ったり、家族たちと一緒にゆっくりと過ごす風習がある。教会のミサに行く人も多いが、全ての人が教会に行くわけではなく、じっくりとディナーを楽しむ家庭も多いようだ。

そんな状況だから、働く人はごく

少ない。25日のクリスマス当日は、あらゆる公共交通網がストップ。デパート、美術館なども閉まる。

イタリアでは、子どもたちがプレゼントをもらうのはクリスマスではなく公現祭の日（1月6日）である。これは東方の三博士がイエスに贈り物をもってきたという聖書の記述にちなむ。この日を過ぎれば、ようやくクリスマスムードも薄れ、飾り付けが外されるのだ。このあたり、12月26日になるとクリスマスなど忘れて、正月飾りの準備を始める日本とは、かなり様相が異なる。

そもそも、キリスト教徒でもないのにパーティーをするというのは、日本人が元来、祭り好きの民族ということも関係しているのだろう。

日本で初めてクリスマスが祝われたのはいつか？

日本におけるクリスマスの祝いは、天文21年（1552）、周防国《すおうのくに》（山口）において、大内義隆《よしたか》に布教の許しを受けたイエズス会の宣教師であるコスメ・デ・トーレスらが、日本人信徒を教会に招いて降誕祭のミサを行ったのが始まりである。トーレスは肉食を避け、日本食を好み、日本の着物を着て過ごすなど、日本の文化を尊重した稀有な宣教師だった。

それから少し時代を経た永禄8年（1565）、宣教師ルイス・フロイスは『日本史』の中でこう記した。

「降誕祭（クリスマス）を迎えた時、堺の市には互いに敵対する二つの軍勢がおり、そのなかには大勢のキリシタンの武士が見受けられた。そこで我々は、町の集会所を借り受け、降誕祭にふさわしい飾りつけをし、聖夜にキリシタンたちを集めた。彼らはここで告白し、ミサに与かり、説教を聞き、聖体を拝領し、正午には一同は礼装して集まった。その70名の武士は、互いに敵対する軍勢から来ていたにもかかわらず、あたかも同一の国守の家臣であるかのように互いに大いなる愛情と礼節を示した。

彼らは自分自身の家から多くの料理を持参させて互いに招き合ったが、全ては整然としており、清潔であって、驚嘆に値した。その際に給仕したのは、それらの武士の息子たちで、デウス（神）のことについて良き会話を交えたり歌を歌ってその日の午後を通じて過ごした。その様子を見ようとして集まってきた異教徒の群衆はおびただしく、彼らは集会所の中に侵入するため扉を壊さんばかりに思われた」

その記述から、武士たちが一時的にせよ休戦してクリスマスパーティーに参加したことが伺える。しかし、その後の日本では禁教の時代が続いたため、クリスマスの風習が定着することは長らくなかった。

江戸時代の後期、日本の各地に港が開かれて外国人がやってくるようになると、横浜などの居留地でクリスマスの行事が行われるようになった。それでも日本人の間ではなかなかクリスマスは定着しなかったが、明治を迎えてから最初のクリスマス会として、明治7年（1874）に原女学校（現在の女子学院中学校・高等学校）で開かれた記録がある。

明治時代に現れたという日本風のサンタとは？

同年に洗礼を受けた原胤昭《はらたねあき》の発案で開かれたパーティーは暗誦、対話、唱歌を塾の女生徒たちが行ない、サンタクロースまでが登場した。

とはいえ、このサンタクロースは裃《かみしも》を着用し、大小の刀を差した殿様姿のサンタであった。これには事情があり、アメリカ公使館から「間違ったことをされては困る」とクレームをつけられ、日本風のクリスマスを行うことになったからである。サンタクロースに扮したのは、後に高輪教会の初代牧師を務めることになる戸田忠厚という元武士だった。

クリスマスになると登場するこのサンタクロース。一体何者で、キリストとはどういった関係があるのだろうか。そのモデルとなったのは4世紀頃、現在のトルコにあった都市ミュラの司教、聖ニコラス(270~345年頃)といわれる。ニコラスは困っている人や貧しい人を助け、自分の持ち物を惜しまず与えたので、多くの人に慕われていた。

例えば3人娘が住む貧しい家に、煙突から金貨を投げ入れたところ、それが暖炉のそばに干してあった靴下の中に入り、その家は救われた。これが煙突から入り、靴下にプレゼントを入れるという後世のサンタクロースの特徴になったという。

こうした善行から、ニコラスは死後に聖人とされ、命日の12月6日に聖ニコラス祭が行なわれるようになった。この習慣をアメリカに伝えたのが、主にオランダからの移民だった。聖ニコラスはオランダ語で、「ジンタークラース」というため、それがなまって「サンタクロース」と呼ばれるようになったという。

この祭は冬の伝統行事でもあったため、いつしかクリスマスと結びつき、クリスマス=サンタクロースという組み合わせが定着したのである。

コラム　イースターエッグと復活祭

日本ではあまり定着していないが、キリスト教において降誕祭（クリスマス）よりも重要な祭とされているのが、復活祭（イースター）だ。これは十字架にかけられて死んだイエス・キリストが3日目に復活したことを記念して行なわれる祭だからである。ただし、復活祭の日付は定着しておらず「春分の日の後の最初の満月の次の日曜日」。3月～5月の間に行なわれる。暦の関係で、正教会と西方教会で復活祭の日付も異なるため、それが日本で定着に至らない原因ともいえよう。

クリスマスにはツリーを飾るが、イースターで重要なものとなるのが「イースターエッグ」で、これは卵が生命や復活の象徴であるためだ。

食べ物ではなく貴金属や宝石の装飾によって造られるものもあり、歴史的に有名なのがロマノフ王朝（ロシア皇帝）が皇后や母への贈り物のため、金細工師に造らせた「インペリアル・イースター・エッグ」だ。1855年から1917年の間に58個造られたとされ、そのうち44個が確認されている。オークションでは10億円の値が付くという。

今こそ知っておきたい！キリスト教を読み解く30の謎

聖書は誰が、いつ、どこで書いたものなのか？

聖書は全て神の霊感によって書かれたと記されている。つまり、神に選ばれた40人の人が、神の霊感、神の息吹を受けながら神の意志を正確に書き記したものとされている。例えば旧約聖書の最初の5書である「創世記」や「出エジプト記」、「レビ記」などモーセ五書と呼ばれる書はモーセによって書かれたとの伝承があり、その他はダビデ王や医者であるルカ、漁師であったペテロやヨハネなど、いろいろな立場の人が携わったとされる。

旧約聖書はある時代、ある時一度に書かれたわけではなく、紀元前1500年ごろから紀元100年頃まで約1600年の長い年月をかけて書かれた。さらに書いた場所も砂漠であったり、獄中であったり、流刑地であったりと実に様々な場所で生まれたと伝わる。

新約聖書はキリストが生まれる約１５００年前から書かれ、キリストの死後、１００年後まで、やはり１６００年をかけて書かれたものという。

福音書とは

イエスの生涯と教えを記したもので、新約聖書にはマタイ・マルコ・ヨハネ・ルカの４つの福音書が収められている。ちなみに福音のギリシャ語はエヴアンゲリオン。良き知らせという意味だ。

使徒言行録とは

新約聖書に収められている28章からなる言行録。イエスの死後、使徒たちが中心となってエルサレムに教会が誕生し、発展していく様子や、ペトロとパウロの2人の使徒の活躍などが描かれている。

ヨハネの黙示録とは

紀元81年から96年の間のキリスト教迫害時代に記されたものという。世紀末が書かれているように思うが、迫害に苦しむ信者たちを慰め、励ますため、特にキリストの再臨が強調されている。

Q.1

十字架にはどのような意味があるのか？

A.1

キリストが磔になった刑具である十字架は重荷、苦難などを表す一方、罪からの解放も表す。アダム以来の堕落によって人類は神の栄光を汚した。神の怒りを収めるため、キリストが人類の罪を背負って刑罰を受けたとする。

Q.2

キリストを信じるだけで**なぜ救われる**のか？

A.2

人は死後、神による裁判が行なわれ、有罪なら地獄へ、無罪なら天国へ行くことになると聖書は説いている。無罪となるには神から救われる必要があり、そのためにはキリストを神の子と信じることが条件とされている。

Q.3

創造主と**神**の違いは？

A.3

キリスト教は一神教。その神は人格神であり、無から天地や全宇宙を生み出した創造主でもあるとする。その独り子のキリストをこの世に遣わし、創造主である神の言葉を伝えて人類を救済させたといわれている。

Q.4

全ての人間は罪深い存在なのか？

A.4

人は神によって造られただけに愛を持つ高尚な存在だが、アダムとエバが禁断の木の実を食べてしまったように、神の言葉に背く弱さを持っている。そうした罪深い人間を救える、罪を犯さない完璧な存在は神だけなのだ。

Q.5

聖書に書かれている奇跡に秘められた意味とは？

A.5

聖書では奇跡は神の力ある技と記されている。水を酒に変えるなどの多くの奇跡を起こしたことから弟子たちはキリストを信じた。それは、キリストが人間を神の国へ導く霊力を持った救い主であることを物語っている。

Q.6

旧約聖書と新約聖書の違いとは？

A.6

旧約聖書はキリスト教成立以前に古代ユダヤ人の手によって書かれた文書を集めたユダヤ教の聖典。新約聖書はキリストの生涯と教え、使徒と呼ばれる指導者たちの言行などが記されたキリスト教固有の聖典である。

Q.7

プロテスタントと**カトリック**の違いとは？

A.7

プロテスタントはキリスト教の大教派で以前、新教と呼ばれ、カトリックの旧教と区別されていた。プロテスタントが聖書だけが救いの根源とする信仰に立っているのに対し、カトリックは教会や典礼、儀式を重視している。

Q.8

ゴルゴダの丘はどこにあるのか？

A.8

キリストが磔にされたゴルゴダという地名は頭蓋骨を意味するギリシャ語。地形が似ていたための命名か。場所は特定されておらず、イスラエル東部、パレスチナ自治政府のエルサレムの丘に建つ聖墳墓教会とするのが有力。

Q.9

聖書にはどのような**人物が登場**するのか？

A.9

最初の人類・アダム、アダムの骨からつくられたエバ。人類最初の殺人の加害者と被害者であるエデンの園のカインとアベル。箱船のノア。イスラエルの民を解放したモーセ、古代イスラエルの王・ソロモンなど多彩だ。

Q.10 アーメンという言葉の意味とは？

A.10

「まことに」や「そうでありますように」という意味で、祈祷や賛美歌の終わりに使う言葉。もとは、「重要な話をするからよく聞くように」という意味もあったが、いつしかなくなり、賛成や同意を表明する意味だけが残った。

Q.11 死海文書とは何か？

A.11

イスラエルの死海近くのクムラン洞窟などで見つかった、羊皮紙やパピルスに書かれた大量の古文書の巻物。紀元前2世紀から1世紀に書かれたものとされ、最古のヘブライ語聖書の写本より千年近くも古い貴重な古文書。

Q.12 日曜日はどうして休みなのか？

A.12

モーセの十戒で神は「安息日を心に留め、聖別せよ」と定め、金曜日夕刻から土曜日日没までとしたが、キリスト教ではキリストが復活した日曜が安息日となった。神に造られたことを喜び、救われたことを感謝する日。

Q.13
預言者と予言者の違いとは何か？

A.13

予言者が未来を予告する人であるのに対し、預言者は“預”の字が表すように神の言葉を預かり人々に伝える人を指した。預言者の言葉には未来に関することもあったが、過去を反省させ、正しい選択を迫るものも多かった。

Q.14
大聖堂とはどんな建物なのか？

A.14

キリスト教がローマ帝国に公認されると聖堂の建設が進んだ。神の存在を意識する空間で、共同体としての結びつきを強めるための象徴。そのなかで都市の中心にあり、司教のいる聖堂が大聖堂と呼ばれた。信者にとっての聖地だ。

Q.15
牧師と神父の違いとは何か？

A.15

プロテスタントは牧師、カトリックと東方正教会では神父と呼ぶ。教会で信徒の信仰を守り、導く役目を持つが、牧師に序列がなく婚姻が可能なのに対し、神父は序列があり一段高いところにいて信徒を統括し、独身が決まり。

Q.16

ミサと礼拝は何が違うのか？

A.16

カトリックがミサでプロテスタントが礼拝。どちらも賛美歌や聖書朗読、説教が内容だが、ミサは順序が決められ、キリストの体を意味するパンが手渡される。礼拝では聖書の言葉を聞くことが大切で、説教に重きを置く。

Q.17

洗礼とは何か？

A.17

キリスト教徒になるために教会で行われる儀礼。全身を水に浸すか頭部に水を注ぐことによって罪を洗い清め、神の子として新しい生命を与えられる証しとする。洗礼名が授けられるかは教派によって様々である。

Q.18

信仰告白とは何か？

A.18

キリスト教に対する個人または教会の信仰を明確な言葉で表したもので、その後の信仰の規準となり、礼拝文にも用いられる。信仰告白とは主にプロテスタントの用語。カトリックでは信仰宣言、信条と呼ばれている。

Q.19

聖餐《せいさん》式とは何か？

A.19

キリストは「パンは私の体であり、杯は私の血による契約である」と言った。この最後の晩餐に由来するパンとブドウ酒を集った人々に分ける儀式。キリストの命と死、復活と聖餐式そのものを記念し、確認するためのもの。

Q.20

主の祈りとは何か？

A.20

「天にまします我らの父よ、願わくは御名をあがめさせ給え」で始まる、キリストが弟子たちに教えたとされる祈りの言葉。神の国と神の義を切に求めれば必要なものが与えられるとするキリストの思想が示されている。

Q.21

処女降誕とは何か？

A.21

マリアは許嫁のヨゼフと交わることなく聖霊によって身籠もるという天使のお告げを聞き、懐胎し、神の子・キリストを出産する。これによりマリアは聖母として崇敬の対象となり、処女降誕は重要な教理のひとつとなった。

Q.22

イエス・キリストの復活とは何か？

A.22

十字架の刑にされたキリストは3日後によみがえり、約40日間、弟子たちと共に過ごした。これを「復活」といいキリスト教信仰の基本となった。その後、キリストは多くの人々が見守る前で天に上っていったとされる。

Q.23

ルーテル教会とは何か？

A.23

マルティン・ルターの宗教改革によってドイツで誕生したキリスト教の教団。ルター派とも呼ばれ、北欧へ伝えられて国民教会となる一方、アメリカやラテンアメリカなど全世界に広まった。8000万人以上の信徒がいる。

Q.24

聖礼典とは何か？

A.24

キリストが定めた神の恵みを与える儀式。カトリックでは秘跡、プロテスタントでは聖礼典、あるいは礼典と呼び、洗礼と聖餐の二つの儀式からなる。洗礼によって信仰への決心が与えられ、生きた御言葉をいただく。

Q.25

バプテスマとはどんな意味があるのか?

A.25

ギリシャ語で沈める、浸すを意味する言葉である。キリストの教えを受ける福音の最初の儀式で、キリストを信じ、新しい命を生きるための洗礼。方法は様々だが、例えば膝を折り、体を横にして全身を水に浸すなど。

Q.26

アガペー=愛とは何か?

A.26

愛を意味するギリシャ語。同じギリシャ語のエロスが自己本位の愛を意味するのに対し、利益を一切求めず、人のために向けられるキリスト教的な愛のこと。罪深い人類の罪を一身に背負い磔になったキリストの愛がそれ。

Q.27

なぜ日曜日に礼拝・ミサを行うのか?

A.27

旧約聖書の創世記に、6日働いて1日休むという神の習慣が記されている。ユダヤ教の安息日は土曜日だが、キリストが復活したのは日曜日。そこで、この日に神を思い自分を取り戻す日として日曜に礼拝、ミサが行われる。

Q.28

賛美歌は普通の歌とどのように違うのか?

A.28

プロテスタントでは賛美歌、カトリックでは聖歌と呼ぶ。その歴史は古く紀元前のユダヤ教の会堂では詩編が歌われ、神への賛美を美しく表現するために曲がつけられた。音楽は賛美歌を補強するためのものである。

Q.29

デボションーンとは何か?

A.29

献身、忠誠を意味する英語。日々、時間を決め聖書を順を追って何章か読み、聖句の解説に触れ、自らの心や魂の状態をさらけ出して神との交わりを持つ。そして兄弟姉妹や周囲の人々の幸せにも思いをはせる行為のこと。

Q.30

ローマ教皇とはどんな人なのか?

A.30

カトリック教会のローマ司教で全世界のカトリック教徒の精神的な指導者。最初の教皇はキリストの十二使徒の筆頭だった聖ペトロとされる。現在の教皇はアルゼンチン出身で南米から初選出され、266代目にあたるという。

聖墳墓教会はエルサレム旧市街にあり、キリスト教徒の聖地となっている。

聖墳墓教会とは何か?

キリストが十字架にかけられたゴルゴダの丘とキリストの墓を保存するため、335年頃、ローマ皇帝・コンスタンティヌス大帝によって建てられた世界最古の王立教会。現在の教会は十字軍時代(11〜13世紀)に再建修復されたもの。キリストの墓は当時、典型であったユダヤ式岩窟墓で、ドームの真下に位置している。キリスト正教会では復活教会と称される。

ゴシック式建築の傑作 ケルン大聖堂

ドイツのライン河畔の町ケルンにある大聖堂で、そのゴシック建築は息を飲む迫力。天を突く双塔は高さ約157mで精緻な彫刻が施されており、高さ約43mの聖堂内は参拝者を天上へ導くかのような荘厳さに満ちている。ドイツの人々の篤い信仰心の象徴である大聖堂の建築が始まったのは13世紀。完成は19世紀。実に600年以上の歳月を要している。

まさに威容を誇る世界最大級の大聖堂である。

神の御手で石板に綴られた日常生活の倫理の規範

紀元前13世紀頃、古代イスラエルの民（ユダヤ人）はエジプトで奴隷の生活を強いられていた。神はイスラエルの民を解放するため、エジプトの王子となっていたイスラエル人のモーセを指導者としてエジプトから脱出させる。しかし紅海を前にしてファラオの軍勢が追跡してきた。その行く手を遮ったのが炎の柱と海をふたつに分ける神の奇跡。神の加護を受けたイスラエル人たちは無事に紅海を渡ることができた。

エジプトを脱出して3カ月後、シナイ半島（アラビア半島とアフリカ大陸北東部の間にある半島）の南部にあるシナイ山（別説あり）でモーセは40日間とどまった。ただひとり、山に登り、神との対話を続けるモーセが神から授けられたのが2枚の石板に神が記した「十戒」。そこには、いわゆる日常生活の倫理の規範が綴られていた。キリストはこの十戒を教えの基本とし、こう語っている。

「わたしが律法や予言者を廃止するために来たと思ってはならない。完成させるために来たのだ」

以来、この十戒はキリスト教徒にとって守るべき大切な神の教えとなった。

神から授かった

「モーセの十戒」とは何か？

神がモーセに与えた十の戒め。第一から第四までは神と人間との関係、第五から第十までは人間と人間との関係について戒めている。

1

あなたには、わたしをおいてほかに神があってはならない。

2

あなたはいかなる像も造ってはならない。

3

あなたは神、主の名をみだりに唱えてはならない。

4 安息日を心に留め、これを聖別せよ。

5 あなたの父母を敬え。

6 殺してはならない。

7 姦淫してはならない。

8 盗んではならない。

9 隣人に関し偽証してはならない。

10 隣人の家を欲してはならない。

信仰の聖地を訪ねて

日本の美しい教会

東京　正教会

東京復活大聖堂教会

日本正教会の本山。教会を建立したニコライ師の名にちなみ「ニコライ堂」とも呼ばれる。明治24年（1891）に竣工。その偉容は東京の名所のひとつとなった。

東京都千代田区神田駿河台4-1-3
☎03-3295-6879　※拝観は13〜16時。

イイスス・ハリストス（イエス・キリスト）の復活を記念し、7年の歳月と巨費をかけて建てられた大聖堂。

ネオ・ビザンチン様式

福岡　カトリック

今村教会

1913年竣工の双塔の赤レンガ建築。教会建築で名を知られる鉄川与助の最高傑作といわれている。潜伏キリシタンの里・今村に本田保神父及び信徒と共に造られ、2015年に国の重要文化財に指定された。

福岡県三井郡大刀洗町大字今707
☎0942-77-0173(大刀洗町役場)
※拝観についてはお問い合わせください

大天使ミカエルを守護聖人とする今村教会は、日本のレンガ造教会建築の到達点とも評されており、高いリブ・ヴォールト天井が象徴的。

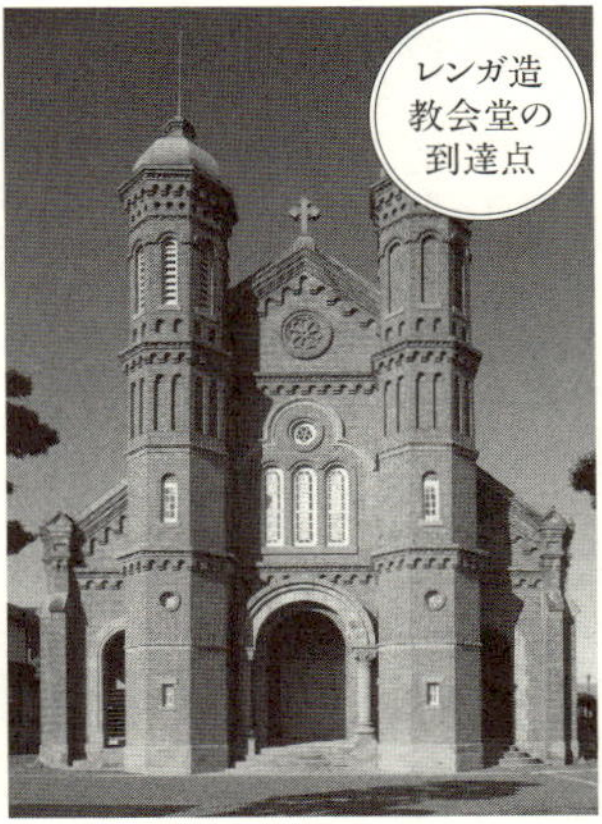

東京　カトリック

碑文谷教会

天井画はジャコモ・フェラーリ修道士がおよそ3年をかけて描いたもの。

1926年イタリアより来日したサレジオ修道会によって設立、「サレジオ教会」の通称で知られる。聖堂、フレスコ画、天井画、ステンドグラスなどカトリック芸術の宝庫としても知られる。

東京都目黒区
碑文谷1-26-24
☎03-3713-7624
※拝観については
お問い合わせください。

京都　プロテスタント

同志社礼拝堂

プロテスタントらしい簡素さの中にも凛とした美しさを漂わせている礼拝堂。明治19年(1886)に竣工し、1963年に国の重要文化財に認定される。

京都府京都市上京区今出川通り烏丸東入
☎075-251-3120
christian-center.jp/med/index.html
※拝観についてはHPをご確認ください。

尖塔アーチ窓のステンドグラスは、赤、橙、黄、緑、紫の美しい輝きを放つ。同志社創立者・新島襄の告別式はここで行われた。

北海道　正教会

函館ハリストス正教会

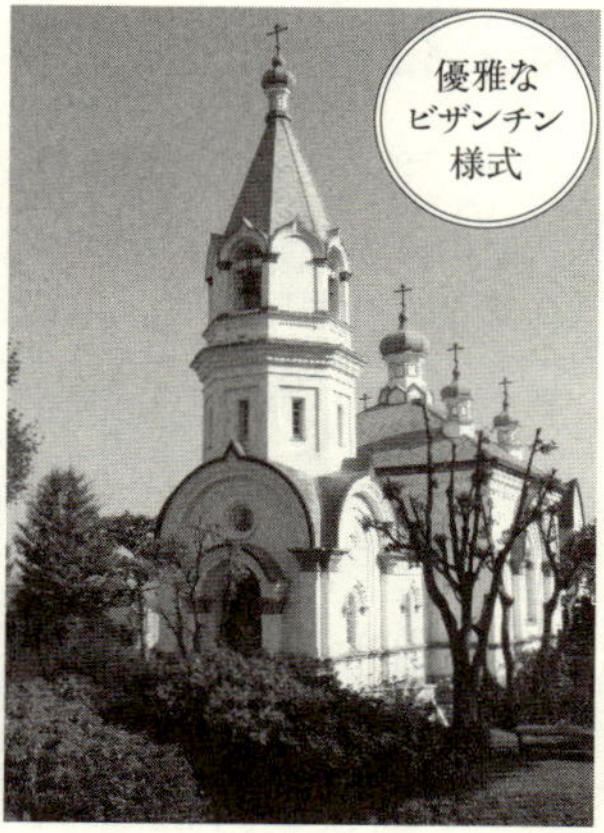

安政7年(1860)ロシア領事館の付属聖堂として建てられた。明治40年(1907)の大火によって焼失し、大正5年(1916)現在の聖堂が建立。

北海道函館市元町3-13
☎0138-23-7387
※拝観についてはHPをご確認ください。

聖堂内には12大祭や眠りの聖像など、日本人初のイコン画家として知られる山下りん作のイコンが飾られる。

神奈川　プロテスタント

横浜海岸教会

明治8年（1875）に献堂され、関東大震災の被害に遭い、現在の建物は昭和8年（1933）に再建された。

神奈川県横浜市中区日本大通8
☎045-201-3740
※拝観についてはHPをご確認ください。

日本初のプロテスタント教会。設計は当時宮内省の技師であった雪野元吉によるもの。ひさしの下にある独特の持ち送りが特徴的である。

独特なゴシック様式

キリスト教の教派と教会堂

キリスト教には時代や地域によって様々な教派が存在する。ローマ教皇を頂点とするカトリックと、そこから宗教改革によって分離したプロテスタント。これらを「西方教会」と位置づけるのに対し、コンスタンティノープルを総本山とした「東方教会」は、正教会やギリシャ正教と呼ばれる。一般的に儀式を重んじるカトリックと正教会の教会堂は鮮やかな色彩と装飾が特徴だ。説教を重んじるプロテスタントは装飾的要素は少ない。

日本の珍しい教会

奈良　プロテスタント

日本聖公会 奈良基督教会

寺社建築の様式を生かしつつ、キリスト教の伝統と調和させた礼拝堂。奈良公園に隣接するため風致、景観との調和を考えて教会堂が建設された。

奈良県奈良市登大路町45
☎0742-22-3818　※拝観は原則土曜・日曜の午後。詳細についてはお問い合わせください。

吉野や和歌山県伊都郡富貴のヒノキを計254本使用した意匠を施された造り。

純和風

西洋建築様式にとらわれない教会堂も日本には数多く存在する。信仰が作り出す教会堂は、それぞれの歴史的背景を持ち、建築物として独自の美しさを誇っている。

東京　カトリック

東京カテドラル聖マリア大聖堂

明治33年（1899）に献堂。東京大空襲で焼失後、昭和39年（1964）に現在の大聖堂が献堂された。

東京都文京区関口3-16-15
☎03-3941-3029
※拝観についてはお問い合わせください。

丹下健三が設計を手掛け、東京を代表する現代建築のひとつとされる。日本のカトリック教会で最大数の信徒を持つ東京教区。

おわりに　社会と関わりながらも信仰を続けた彼らの信仰心

エデンの園で罪を犯したアダムとエバの失楽園から「人は生まれながらにして罪を負っている」という考えが誕生し、人類を罪の重荷から解放するために遣わされたイエス・キリスト。神に祈りを捧げるという救いの道を示したイエスの行動により、キリスト教は起こり、今や世界三大宗教に数えられるまでに信徒の数が増加した。

しかし、今日に至る時間のなかで罪から赦されるために信徒となった人々を巧みに利用した為政者たちがいたのも事実だ。覇権争いに利用されたり、他宗教からの侵略行為がきっかけで盛衰を見せたりと、その歴史は長く多岐にわたる。そして様々な過程を経て日本に伝来したキリスト教も、最初は認められたものの権力者たちによって弾圧の歴史をたどることとなった。

今日の日本では仏教や神道はもちろん、20代の頃にクリスチャンとなった加藤一二三さんのように、キリスト教の信者も数多くいる。キリスト教徒として神を信仰することによって、いかなる苦痛のなかにあっても恨み言もなく耐えたキリストの姿が、人々に前へと進ませる力を湧かせるのだろう。

江戸時代に行われたキリスト教弾圧という自身の命が危ぶまれる状況下に、かつての潜伏キリシタンたちもキリシタンとしての誇りや信仰心を持ち、信仰から生きる力を得て生涯を遂げたのではないか。

「長崎と天草地方の潜伏キリシタン関連遺産」が２０１８年になって世界文化遺産に登録されたが、本書では２０１７年にルポルタージュとして現地の取材を行った。さらに歴史の教科書では知る機会の少ない大阪府茨木市の隠れキリシタン集落についても触れたのは、日本に伝来したキリスト教が、歴史の変遷のなかでどのように信仰されてきたのかを多面的に紹介したいという意図があってのことだ。

国内の遺構や資産が世界文化遺産に指定されたことは喜ばしいことだが、それらの遺産がどんな背景を持って今なおその姿を残しているのか、歴史的意義を改めて考えたい。当時の文化や伝統と関わりながら、自分たちが信仰する神へ祈りを捧げてきた潜伏キリシタンたちの息づかいを感じ取れる貴重な遺産。彼らが後世へと引き継いできたものが、これからも脈々と受け継がれていくことを願う。

7

成立から倒幕まで
長州藩
志士たちの生き様

男の隠れ家編集部 編

長州藩はなぜ明治維新で大きな影響力を持ち得たのか。藩の成り立ちから倒幕までの流れを追いながら、全体像を浮かび上がらせる。また新政府発足から始まった藩閥政治の光と影、幕末人物伝なども収載。

8

語り継ぎたい戦争の真実
太平洋戦争のすべて
日米開戦への道のり

野田伊豆守

日本が太平洋戦争へと踏み切った理由とは? 真珠湾攻撃に至るまでの日米交渉、開戦後約半年で東南アジア全域を占領した快進撃、ミッドウェー海戦以降の敗戦への道のりなど3年8カ月に及ぶ戦いの全貌に迫る。

9

先人の足跡と名峰の歴史
日本山岳史

男の隠れ家編集部 編

明治初期、日本人の山登りは山岳信仰に基づく「登拝」から純粋な「登山」へと変化した。山の先駆者たちの足跡を追いながら日本アルプスの開山史をたどる一冊。北アルプスの山小屋の歴史と山行記も収録。

10

戦況図解
戊辰戦争

木村幸比古

265年続いた江戸幕府と薩長を中心とする新政府との戦い。鳥羽・伏見から最終戦の函館まで、518日間にわたって繰り広げられた戦いの全貌を、豊富な戦況図で経過を掴みながら理解する戦況図解シリーズ第1弾。

11

ルイス・フロイスが見た
異聞・織田信長

時空旅人編集部 編

宣教師ルイス・フロイスが綴った歴史書『日本史』をもとに、後世の想像ではない生々しいまでの人間・信長の実像に迫った一冊。本能寺の変ルポや、磯田道史氏が語る『日本史』インタビュー収載。

12

「許す」という心をつくる
ひとつだけの習慣

植西 聰

日頃から「許せない」という感情にとらわれることは数多い。しかし、その気持ちを引きずることは、自分の幸せを奪うことに繋がる。「許す」習慣を通してネガティブな感情から解放され、大きな幸福感を得られるコツが満載。

サンエイ新書好評既刊

戦況図解
西南戦争
原口泉
西郷隆盛はなぜ決起し、いかに散ったのかー？ 日本最後の内戦の知られざる実像を完全網羅。豊富な戦況図で経過を掴みながら理解するビジュアル解説が大好評の戦況図解シリーズ第2弾。
14

実録！ムショで図太く
生きる奴らの悲喜こもごも
サラリーマン、刑務所に行く！
影野臣直
一般人にはなかなか知ることがない〝塀の中の暮らし〟とは？ 服役経験を持つ異色作家によって繰り広げられる悲喜こもごもの日々を臨場感たっぷりに描く。まさに平成版塀の中の懲りない面々?!
15

時空旅人編集部

「時空旅人」は三栄書房が発行する隔月刊誌。奇数月26日発売。読み応えのある文章と厳選したビジュアルで、読者を遥かな歴史の世界へと誘う。太平洋戦争における日本、聖地・高野山の秘密、三国志と英雄たちの物語など「時」と「空間」にこだわらず、毎号幅広いテーマで挑戦的な特集を続けている。歴史好きだけでなく、誰もが楽しめる歴史雑誌。

執筆者◎野田伊豆守（P10〜43、P52〜78）、上永哲矢（P88〜91、P120〜171）相庭泰志（P172〜185）
写真◎金盛正樹（P55）、遠藤 純（P93〜94、97〜101、106〜116）、上永哲矢（P136、P145、P158〜159）、柳沢かつ吉（P104）

潜伏キリシタンの真実

2018年11月15日　初版 第1刷発行

編　者 ――――― 時空旅人編集部
発行人 ――――― 星野邦久
発行元 ――――― 株式会社三栄書房
〒160-8461 東京都新宿区新宿6-27-30
新宿イーストサイドスクエア 7F
TEL:03-6897-4611（販売部）
TEL:048-988-6011（受注センター）
装幀者 ――――― 丸山雄一郎（SPICE DESIGN）
制　作 ――――― 株式会社プラネットライツ
印刷製本所 ―― 図書印刷株式会社

Printed in Japan ISBN 978-4-7796-3782-7